प्राचीन काव्य-संचयन

प्राचीन काव्य-संचयन

सम्पादक

डॉ. चमनलाल गुप्ता

वाणी प्रकाशन

वाणी प्रकाशन
4695, 21-ए, दरियागंज, नयी दिल्ली 110 002
शाखा
अशोक राजपथ, पटना 800 004
फ़ोन: +91 11 23273167 फ़ैक्स: +91 11 23275710
www.vaniprakashan.in
vaniprakashan@gmail.com

PRACHINKAVYA SANCHYAN
by Prof. Chamanlal Gupt

ISBN : 81-8143-362-9
Poetry

संस्करण 2018

मूल्य : ₹ 175

आर. टेक ऑफ़सेट, नयी दिल्ली-110 095 में मुद्रित

वाणी प्रकाशन का लोगो मक़बूल फ़िदा हुसेन की कूची से

भूमिका

साहित्य के विद्यार्थी कविता के विभिन्न रूपों से भली-भाँति परिचित हैं परंतु कविता है क्या, इसे स्पष्ट करना टेढ़ी खीर है। 'गूंगे के गुड़' की तरह कविता का आनंद लिया जा सकता है परंतु इस आनंद का वर्णन नहीं किया जा सकता। कविता पढ़ते या सुनते समय हम इतने भाव-विभोर या तल्लीन हो जाते हैं कि विवेचन-विश्लेषण का ध्यान नहीं रहता इसीलिए काव्यानन्द को अलौकिक, ब्रह्मानन्द सहोदर कहा गया है। कविता के रस या स्वाद को शब्दों में बताया नहीं जा सकता क्योंकि शब्द-सम्पदा इसे व्यक्त करने में असमर्थ है। गन्ना, गुड़, शहद या रसगुल्ला खाने में अलग-अलग स्वाद देते हैं परंतु सबका स्वाद व्यक्त करने के लिए शब्द कहाँ हैं? हम कहेंगे ये सभी 'मधुर' होते हैं, बस इतना ही तो कह पाते हैं। अमीर-ग़रीब, शिक्षित-अशिक्षित, शहरी-देहाती, रागी-विरागी, पीर-फकीर यहाँ तक कि चोर-उचक्के भी कविता के आकर्षण में बँधे दिखाई पड़ते हैं। कविता के इस सार्वभौमिक एवं सार्वजनिक आकर्षण का कारण क्या है ? आप कह सकते हैं कि कविता जीवन की गहन सच्चाई को व्यक्त करती है इसलिए मन-मस्तिष्क पर छा जाती है परंतु 'सत्य' की खोज तो दार्शनिक और धर्म-परायण लोग भी करते हैं, फिर उनके द्वारा प्रतिपादित सत्य में कविता के सत्य जैसा आकर्षण क्यों नहीं होता ? वास्तव में दार्शनिक सत्य को ज्ञेय बनाता है, धर्मात्मा श्रेय बनाता है और कवि प्रेय बनाता है। दार्शनिक, सत्य को तर्क-वितर्क द्वारा निरख-परख कर उद्घाटित करता है और समझने योग्य बनाता है। धर्मात्मा, सत्य के उस रूप को ही उद्घाटित करता है जिससे जीवन का उत्थान हो। ये दोनों सत्य का शुष्क एवं नीरस रूप ही प्रस्तुत कर पाते हैं। कवि, सत्य को इस प्रकार उद्घाटित करता है कि वह प्रिय बन जाता है, आत्मीय बन जाता है। कविता का सत्य प्रिय कैसे बनता है यदि इस पर हम विचार करें तो पाएँगे कि कवि सत्य को शिव और सुंदर से जोड़कर प्रिय बनाता है। काव्य-सत्य घटनागत सत्य से कहीं अधिक व्यापक, सार्वकालिक एवं सार्वभौविक होता है। वैज्ञानिक भी सत्य की खोज

करता है परंतु वह सत्य सदा शिव से, कल्याण से जुड़ा हो यह आवश्यक नहीं। विज्ञान का सत्य परमाणु अस्त्रों की तरह विनाशकारी भी हो सकता है तथा हिरोशिमा और नागासाकी जैसे भयावह दृश्यों को जन्म दे सकता है। कवि, सत्य के कल्याणकारी, सुखदायी रूप का ही उद्‌घाटन करता है और जिस कविता या साहित्य में कल्याणकारी तत्त्व नहीं रहता वह साहित्य कहलाने योग्य नहीं है। कल्याणकारी सत्य को सुंदर ढंग से व्यक्त करके ही उसे प्रिय बनाया जाता है। काव्य का सौंदर्य शब्द और अर्थगत भी होता है तथा विचार और भावगत भी। इस प्रकार हम कह सकते हैं कि काव्य, जीवन-सत्य को शिव और सुंदर से जोड़कर प्रस्तुत करने की कला है। कल्याणकारी भावों या विचारों को सुंदरतम् शब्दों में सुंदरतम् ढंग से प्रस्तुत करने का नाम ही कविता है। 'काव्य-प्रकाश' के रचयिता आचार्य मम्मट के अनुसार 'अलंकार हो या न हो, दोषरहित, गुणसहित, शब्द और अर्थमयी रचना काव्य है।' आचार्य विश्वनाथ 'रसात्मक वाक्य को ही काव्य मानते हैं', तो पंडितराज जगन्नाथ 'रमणीय अर्थ के प्रतिपादक शब्द' को काव्य कहते हैं। पाश्चात्य विचारक मैथ्यू आर्नल्ड कविता को 'जीवन की आलोचना बताते हैं,' तो महाकवि वर्ड्सवर्थ इसे 'शांति के क्षणों में स्मरण की गई उत्कट भावनाओं का सहज उद्रेक' करार देते हैं। कॉलरिज के अनुसार 'उत्तमोत्तम शब्दों का उत्तमोत्तम क्रम-विधान ही कविता है', तो कार्लायल इसे 'संगीतमय विचार' घोषित करते हैं। हमारे विचार से सत्य को शिव और सुंदर की सहायता से प्रेय, ग्राह्य, स्वीकार्य बनाने की कला ही काव्य है।

विश्व साहित्य की प्राचीनतम पोथियाँ प्रायः पद्यात्मक हैं। अध्ययन-अध्यापन की मौखिक परम्परा के परिणामस्वरूप पद्यात्मक अभिव्यक्ति आवश्यक हो गई होगी क्योंकि पद्य को याद करना होता है परंतु पद्य की उत्पत्ति का यही एकमात्र कारण नहीं हो सकता। मानव मन सदा से लय, सुर, ताल एवं सौंदर्य की खोज में भटकता रहा है और इसकी सहज अभिव्यक्ति पद्य में सम्भव है। भारतीय साहित्य में तो ज्योतिष, वैद्यक, शस्त्रास्त्र-निर्माण तक के ग्रन्थ पद्य में हैं।

हिंदी साहित्य का इतिहास लगभग एक हज़ार वर्ष का माना जाता है। हिंदी भाषा का विकास साहित्य से सौ, दो सौ वर्ष पहले होना प्रारम्भ हुआ होगा। बोलचाल की भाषा को साहित्यिक भाषा बनने में समय तो लगता ही है। हिंदी साहित्य का आदिकाल भाषिक अनेकरूपता तथा प्रवृत्तिगत बिखराव के लिए प्रसिद्ध है। आचार्य शुक्ल ने रासो ग्रन्थों को वीर गाथात्मक मानते हुए तथा उनकी बहुलता और काव्यगत श्रेष्ठता को ध्यान में रखते हुए इस काल को 'वीरगाथा काल' भी कहा है। परवर्ती शोध-कार्यों से सिद्ध हुआ कि सारे रासो ग्रन्थ वीर गाथात्मक नहीं हैं उनकी प्राचीनता भी संदिग्ध है, और काव्यगत विशिष्टता भी संदेह के घेरे में है। आचार्य हजारी प्रसाद द्विवेदी ने इस युग को 'आदिकाल' कहना उचित माना है और इससे आगे के 'भक्तिकाल' को ही वास्तविक हिंदी का काल स्वीकार किया है। आदिकाल में एक

ओर सिद्ध-साधकों की अटपटी 'सन्धा भाषा' में सामाजिक विकृतियों पर प्रहार है दूसरी ओर धार्मिक कर्मकाण्ड और साधना के समय गाए जाने वाले चर्यागीत हैं। जैन आचार्यों ने चरित्र-निर्माण को लक्ष्य बनाकर अनेक ऐतिहासिक महापुरुषों का चरित्र काव्यबद्ध किया और धर्म का आदर्श रूप प्रस्तुत किया। अमीर खुसरो की 'पहेलियां', 'मुकरियां' और 'दो सुखने' आदि, भाषा की दृष्टि से कितने प्रामाणिक हैं, कहा नहीं जा सकता परंतु सदियों से लोकमानस में उनकी गूंज सुनाई पड़ती रही है। आदिकाल और भक्तिकाल की सीमा रेखा पर खड़े विद्यापति को 'कीर्तिलता' और 'कीर्तिपताका' से उतनी ख्याति नहीं मिली, जितनी 'विद्यापति पदावली' से। हाल की 'गाथा सतसई' और जयदेव के 'गीत गोविंद' की परम्परा को आगे बढ़ाने वाली 'पदावली' भक्तों और रसिकों का मन समान रूप से मोहती रही है। विद्यापति पदावली से कुछ पद इस संग्रह में रखे गए हैं। मैथिली भाषा का सौन्दर्य और भक्त-रसिक विद्यापति की कोमल कल्पना की उड़ान का अनुमान इन पदों से हो सकता है। आदिकाल में 'वीसलदेव रासो', 'परमाल रासो' और सबसे बढ़कर चंदबरदाई का बृहद् ग्रंथ 'पृथ्वीराज रासो' भी सुंदर है परंतु छात्रों के समक्ष भाषा को समझने में आने वाली कठिनाई को ध्यान में रखते हुए और संग्रह के कलेवर को विस्तार से बचाने के लिए इन ग्रंथों से काव्य के अंश नहीं रखे गए।

आचार्य रामचंद्र शुक्ल ने हिंदी साहित्य को वीरगाथाकाल (आदिकाल), भक्तिकाल, रीतिकाल और आधुनिक काल (गद्यकाल) की ऐसी मज़बूत चारदीवारी में कैद किया कि उनके बाद आने वाले साहित्य के इतिहासकार इसी चारदीवारी का चक्कर लगाने के लिए विवश हो गए। भक्तिकाल (1400-1700 संवत्) में जो भक्ति आंदोलन देश के कोने-कोने से उठा उसमें पराधीनता-जन्य ग्लानि, कुण्ठा, पीड़ा, भय और हीनता की ग्रंथि डूब गई तथा समाज में समता एवं समरसता का वातावरण बना। भक्ति-आंदोलन में मानव मात्र की मूलभूत एकता और समानता को साम्प्रदायिक भेदभाव से ऊपर स्वीकार किया गया। 'जात पात पूछे नहीं कोई, हरि को भजे जो हरि का होई' का स्वर उठा तो जात-पात के बंधन झूठे पड़ गए। समदर्शी प्रभु के सम्मुख ऊँच-नीच का प्रश्न ही कहाँ था ? बाह्याचारों, कर्मकाण्डों की निंदा की गई तथा प्रभु-प्रेम को सर्वोपरि मूल्य स्वीकार किया गया। भक्ति आन्दोलन धार्मिक होने के साथ-साथ सामाजिक-सांस्कृतिक आन्दोलन भी था। हिन्दी का भक्ति-काव्य जहां एक ओर कबीर, नानक, रैदास, दादू दयाल, धर्मदास और सुंदरदास जैसे ज्ञानमार्गी संत कवियों की ओजस्वी एवं निर्भीक वाणी से मण्डित हुआ वहीं पर मलिक मुहम्मद जायसी, कुतुबन, मंझन तथा उसमान जैसे सूफी संतों की प्रेमधारा से स्नान कर पवित्र भी हुआ। महात्मा तुलसीदास ने जहाँ विष्णु के अवतार भगवान राम को आधार बनाकर कलियुग के पापों को हरने वाली कविता का सृजन किया वहीं पर भक्त-श्रेष्ठ सूरदास की वीणा की मधुर झंकार से जन-मन झंकृत हो उठा। कृष्ण के बाल-रूप

की सहस्रों मनोहारी भंगिमाओं को अपने मन की आँखों से देखकर और उनमें कल्पना के रंग भरकर काव्य का रूप देने वाले सूरदास निश्चय ही बालक-वर्णन के क्षेत्र में विश्व के सर्वश्रेष्ठ कवि हैं। नन्ददास, कुम्भनदास, मीरा, रसखान जैसे कृष्ण भक्त कवियों ने कृष्ण की क्रीड़ाओं और रूप-माधुरी के चित्रण द्वारा हमें जीवन से प्यार करना सिखाया। भक्त कवि अपने प्रभु के सम्मुख दीनहीन थे, विनीत एवं नतमस्तक थे परंतु राजाओं-महाराजाओं की सत्ता को चुनौती देते थे। सांसारिकता से ऊपर उठे इन संतों ने जहाँ एक ओर अपने प्रभु के भरोसे सांसारिक सत्ता को चुनौती दी वहीं पर कनक और कामिनी को माया कहकर उससे किनारा भी किया। सचमुच अद्भुत था हिंदी का भक्ति काल। क्योंकि वह अलौकिक शक्ति और सामर्थ्य का काव्य था। किसी युग में यदि एक महाकवि किसी भाषा को मिल जाए तो वह अपने भाग्य पर इतराती है परंतु, हिंदी को तो सूर, तुलसी, कबीर और जायसी के रूप में एक साथ चार महाकवियों का आशीर्वाद मिला था। एक ओर रामचरित मानस तथा पद्मावत प्रबंध-काव्य के मानदण्ड बने दूसरी ओर कबीर और सूर का काव्य मुक्तक-काव्य का अनुपम उदाहरण बन गया। ब्रज और अवधी को सूर, तुलसी और जायसी ने जहाँ पर बोली से उठाकर भाषा का गौरवशाली पद दिलाया वहीं पर कबीर की अक्खड़वाणी में खड़ी बोली हिंदी का प्रारम्भिक रूप भी दिखाई पड़ा। 'भाषा बहता नीर है' का आदर्श कबीर ने प्रस्तुत किया क्योंकि कबीर की भाषा समाज से जुड़ी, जीवंत भाषा है। हजारी प्रसाद द्विवेदी ने तो इन्हें वाणी का डिक्टेटर तक कहा है। प्रस्तुत काव्य-संग्रह में कबीर, सूर, जायसी और तुलसी की रचनाओं से कुछ अंश निर्धारित किए गए हैं। कृष्ण-काव्य की मधुरता मीरा और रसखान के काव्य में जिस तरह से उभरी है उसका आनंद भी छात्र ले सकें इसकी व्यवस्था भी की गई है।

भक्ति-काव्य में उत्तरोत्तर शृंगारिकता का पुट बढ़ रहा था। सूर के कृष्ण तथा तुलसी के राम भी साधारण रसिक नायकों की तरह अंकित होने लगे थे। कविता कामिनी जन-सामान्य के प्रांगण को छोड़ विलासी शासकों के रंग-महलों में थिरकने लगी थी तथा सरस्वती पुत्र कहलाने वाले कविगण भी दरबारों की संस्कृति में ढलने लगे थे। कमज़ोर, कायर एवं लक्ष्य-विहीन विलासी शासकों की काम-पिपासा को निरंतर उत्तेजित करने के लिए कविता एक ओछा साधन बन गई और कवि खुशामदी तथा चाटुकार बनकर राजाओं और राजपुत्रों के गुरु बनने की होड़ में कविता करने का लक्ष्य भूल गए। कविता शब्द-खिलवाड़ और मानसिक व्यायाम बन गई और उसका जन-जीवन से रिश्ता टूटता चला गया। कवि प्रायः मध्यम और निम्न वर्ग से थे और उन्हें लिखना पड़ रहा था उच्च वर्ग के विलासी राजाओं और सामंतों की इच्छा के अनुरूप, जिसका परिणाम यह हुआ कि वे अपने अनुभव से न लिखकर शास्त्रों के अध्ययन से सीख-सीख कर कविता करने लगे। संस्कृत के आचार्य कवि इन रीतिकालीन कवियों के आदर्श बने, उन्हीं की नकल इन्होंने की भी, परंतु संस्कृत के उन आचार्य

कवियों की-सी विद्वत्ता या प्रतिभा का इनमें प्रायः अभाव था। रीतिकाल का साहित्य कलात्मक होते हुए भी निष्प्राण है, उत्कट रागात्मकता का काव्य होने पर भी पाठक को आंदोलित करने में असमर्थ-सा है। कलात्मक पच्चीकारी और पाण्डित्य-प्रदर्शन की होड़ में काव्य की आत्मा को कवियों ने उपेक्षित किया। रीतिकाल (1700-1900 संवत्) के काव्य को विद्वानों ने रीतिबद्ध, रीतिसिद्ध और रीतिमुक्त की तीन श्रेणियों में बाँटा है। लक्षण ग्रंथ निर्माता आचार्य कवियों में केशव, देव, पद्माकर, भिखारीदास, मतिराम तथा संस्कृत ग्रंथों के आधार पर लक्षण-ग्रन्थों का निर्माण किया है। रीतिसिद्ध धारा में बिहारी एक मात्र कवि हैं जिन्होंने 'बिहारी सतसई' में छंद, अलंकार, रस और नायिका भेद आदि के लक्षण अलग से नहीं दिए परंतु फिर भी सतसई में इन सबके सरस उदाहरण विद्यमान हैं। रीतिमुक्त-काव्य धारा के कवि वस्तुतः स्वच्छंदतावादी हैं। इन कवियों पर रीतिकालीन शृंगारिकता एवं अलंकारिकता की छाया है परंतु ये न तो आचार्य थे, न लक्षण ग्रंथों के निर्माता थे। प्रेम की पीर के स्वच्छंद गायकों में घनानंद, बोधा, आलम, ठाकुर और द्विजदेव आदि का नाम आता है। प्रस्तुत संग्रह में पद्माकर, बिहारी और भूषण के काव्य से कुछ अंश संकलित हैं। रीतिकाल में रहीम, घाघ और गिरिधर जैसे नीति काव्य को रचने वाले भी हुए तथा सूदन, गोरेलाल और गुरु गोविंद सिंह जैसे वीररस के कवि भी। प्रस्तुत संग्रह में पाँच प्राचीन कवियों की कविता से अंश संकलित हैं तथा तीन द्रुतपाठ के लिए संकलित किए गए हैं। अनेक प्रतिनिधि एवं सशक्त कवि छोड़ देने पड़े क्योंकि पाठ्यक्रम की सीमा और छात्रों की क्षमता को दृष्टिगत रखना आवश्यक था। यथाशक्ति सरल, सरस एवं प्रतिनिधि काव्यांश ही लिए गए हैं।

यह काव्य-संग्रह महाविद्यालयों में पढ़ने वाले जिन छात्रों के लिए लिखा गया है यदि इसे पढ़कर प्राचीन काव्य के प्रति उनका लगाव तनिक भी विकसित होता है तो मैं अपने श्रम को सार्थक समझूँगा।

अनुक्रम

भाग-क

1. संत कबीर

निर्गुण भक्ति-धारा के ज्ञानमार्गी संत महात्मा कबीर को हिंदी में निर्गुण भक्ति-धारा का प्रवर्त्तक स्वीकार किया जाता है। कबीर का जन्म राजनैतिक उथल-पुथल और भयंकर अराजकता के युग में 1398 में हुआ। तैमूरलंग के आक्रमणों से दिल्ली की सत्ता बिखर गई थी, तुगलक सैयद और लोधी वंश राजनैतिक स्थिरता प्रदान नहीं कर पाए। दिल्ली में अंततः बाबर ने अधिकार जमाया और मुगल साम्राज्य की नींव रखी। धार्मिक दृष्टि से नवागत इस्लाम के साथ ही विभिन्न भारतीय धर्म-सम्प्रदायों का संघर्ष नहीं चल रहा था बल्कि वे आपस में भी झगड़ रहे थे। धर्म के नाम पर कर्म-काण्ड, अन्धविश्वास और कुरीतियों का बोलबाला था। ऐसे समय में सूफियों की प्रेम की पुकार अनसुनी की जा रही थी और किसी ऐसे महापुरुष की आवश्यकता थी जो समाज में व्यवस्था ला सके। कबीर ऐसे ही महापुरुष थे।

महात्मा कबीर विधवा ब्राह्मणी की संतान थे अथवा नीरू-नीमा के पालित पुत्र, वे लहरतारा तालाब में कमलपत्र पर अवतरित हुए थे या नहीं इन बातों पर विवाद हो सकता है परंतु यह स्पष्ट है कि उनका बचपन काशी में, नीरू-नीमा दम्पति की देखरेख में बीता। समाज में नीची मानी जाने वाली श्रमजीवी जातियों में जुलाहा जाति भी थी और कबीर ने अपने को गर्वपूर्वक जुलाहा कहा है। कहीं वे 'जाति जुलाहा कंति को धीर' कहकर अपना परिचय देते हैं और कहीं 'तू बाह्मन मैं कासी का जुलाहा, बूझो मेरा गिआन' कह कर ब्राह्मण की श्रेष्ठता को चुनौती देते हैं। संत कबीर अपने को जुलाहा कहने में गौरव का अनुभव करते हैं और लिखते हैं 'जाति जुलाहा, नाम कबीरा, बनि-बनि फिरी उदासी।' ऐसा भी परम्परा से प्रसिद्ध है कि कबीर विवाहित थे और कमाल-कमाली नामक उनकी संतानें थीं। कबीर को औपचारिक शिक्षा पाने का अवसर नहीं मिला इसलिए सत्संग और स्वानुभव से उन्होंने सच्चा ज्ञान प्राप्त किया। गुरु रामानंद का आशीर्वाद उन्हें मिला था परंतु शेख तकी को उनका गुरु मानना उचित नहीं। आजीवन काशी में बैठकर धर्मान्धता के गढ़ पर प्रहार करने

वाले कबीर अंतिम दिनों में मगहर चले गए थे, वहीं 1495 में उन्होंने देह त्यागी। कबीर का व्यक्तित्व एक ओर अत्यन्त प्रखर एवं अक्खड़ व्यक्ति का है दूसरी ओर अत्यन्त विनम्र एवं भाव-विह्वल भक्त का है। योगियों की हठ साधना वैष्णवों की तरह भावुकता का संगम उनके व्यक्तित्व में हुआ था। वे निर्गुण-मार्गी हैं परंतु उनके निर्गुण में सगुण के समस्त गुणों के दर्शन किए जा सकते हैं।

कबीर द्वारा रचित अनेक ग्रंथों का उल्लेख साहित्य के इतिहासों में है जिनकी संख्या 140 तक मानी गई है। ऐसा प्रतीत होता है कि कबीर पंथियों ने अपनी रचनाएँ गुरुवर कबीर को अर्पित कर दीं जो उन्हीं के नाम से प्रचारित हो गईं। कबीर की वाणी का प्राचीनतम एवं प्रामाणिक संग्रह आदि ग्रंथ (गुरुग्रंथ साहिब) में उपलब्ध है। दादू दयाल की आज्ञा से दादू, कबीर, नानक, नामदेव और हरिदास की वाणी का संग्रह 'पंच वाणी' शीर्षक से तैयार किया गया। दादू के शिष्य रज्जव ने 'सर्वांगी' काव्य संग्रह में भी कबीर-वाणी का संग्रह किया। कबीरपंथ का अपना अभिलेख बीजक नाम से प्रसिद्ध है जो सत्रहवीं शताब्दी में निबद्ध हुआ। आचार्य श्याम सुंदर दास ने इन्हीं ग्रंथों के आधार पर 'कबीर ग्रंथावली' का प्रकाशन करवाया जिसमें 809 साखियां, 403 पद और 7 रमैणियां हैं। परिशिष्ट में 192 साखियां और 222 पद और दिए गए हैं। 'साखी' संभवतः 'साक्षि' शब्द से बना है जिसका अर्थ है गवाही। साखियां, दोहों के रूप में हैं और इनमें कबीर के आत्मानुभव ही उपदेश रूप में आए हैं। राग-रागनियों में बद्ध पदों को 'संबद्ध' कहा गया है। चौपाई शैली में लिखी रचनाओं को 'रमैनी' की संज्ञा दी गई है और प्रत्येक रमैणी के पश्चात् एक साखी दी गई है। 'बीजक' में संकलित वाणी अन्य संकलनों की अपेक्षा अधिक उग्र, ज्ञान-प्रधान अथवा बौद्धिक है। कबीर के काव्य में ज्ञान-मार्गी निर्गुण भक्ति एवं प्रेम-मार्गी वैष्णव भक्ति का संगम देखने को मिलता है। कबीर ने वैष्णवों की प्रशंसा करते हुए लिखा भी है—

साकत बांमन न मिले, वैष्णों मिले चण्डाल।
अकमाल दे भेंटिए, मानों मिले गोपाल।।

महात्मा कबीर के काव्य में खण्डन-मण्डन का स्वर पर्याप्त तीव्र है और उनकी अक्खड़ता आदिकालीन सिद्ध कवियों की देन लगती है। कर्मकाण्डों पर प्रहार करते हुए, अंधविश्वासों का मजाक उड़ाते हुए, ऊँच-नीच और छुआछूत को नकारते हुए, जात-पात को दुत्कारते हुए कबीर बहुत कठोर हो गए हैं। आचरण की पवित्रता को ही वे भक्ति की कसौटी मानते हैं और संतोष तथा परोपकार को सबसे बड़े जीवन-मूल्य के रूप में स्वीकारते हैं। कबीर हर प्रकार की हिंसा को नकारते हैं और आचरण की शुद्धता तथा मानव मात्र से प्रेम पर बल देते हैं।

कबीर मूलतः भक्त हैं और उनके काव्य में विरहणी आत्मा की करुण पुकार सर्वत्र गूँजती है अक्खड़ कबीर अपने राम के पीछे-पीछे कुतिया बनकर चलते हैं।

अपने राम के दर्शन पाने के लिए उनकी आत्मा पुकारती है–

या विरहणी को मीचु दे, या आपा दिखराय।
आठ पहर का दांफना, मो पे सहा न जाय।।

तथा

आई न सकूं तुज्झ पे, सकूं न तुज्झ बुलाय।
जियरा यो ही लेहुगे, विरह तपाय तपाय।।

यही नहीं कबीर को लगता है कि वे तो अपने प्रभु के चरण धोने के अधिकारी भी नहीं, 'धन मैली पिव उज्जला, लागिन सक्कौं पाइ।' भक्ति के क्षेत्र में कबीर का अकेलापन हृदय-द्रावक है। सांसारिकता से ऊपर उठे कबीर लिखते हैं–

सुखिया सब संसार है, खाये अरु सोवै।
दुखिया दास कबीर है, जागे अरु रोवै।।

कविता करना कबीर का लक्ष्य नहीं था और न ही कबीर ने शास्त्रों का अध्ययन करके उसके लिए अलंकरण जुटाए थे। कबीर की कविता समाज की पीड़ा को आत्मसात करने वाले संवेदनशील कवि की कविता है जिसमें भक्त हृदय के भावुक उद्गार अनायास ही मिल गए हैं। जीवन की पाठशाला में कबीर ने जो सीखा था उसे ही आत्म-मथंन द्वारा परिष्कृत कर काव्य का रूप दिया। संगीतात्मकता, सहजता, प्रेषणीयता उनके काव्य की विशेषता है। कबीर का काव्य मुक्तक-परम्परा को आगे बढ़ाता है। काव्य-परम्पराओं और कवि प्रसिद्धियों का सहज प्रयोग और जन-जन की भाषा से लिए मुहावरे और लोकोक्तियों से सजी कबीर की काव्य-भाषा जीवन की भाषा है, बहता नीर है, जिसमें ताजगी भी है और प्राणवत्ता भी। कबीर की भाषा को सधुक्कड़ी या पंचमेल खिचड़ी बताने वाले भी मानते हैं कि उनकी भाषा में जबरदस्त आकर्षण है, शक्ति है। आचार्य हजारी प्रसाद द्विवेदी ने उन्हें 'वाणी का डिक्टेटर' तक कहा है जोकि भाषा से जो चाहता है, जैसे चाहता है, कहलवा लेता है।

1. संत कबीर

ग्यान विरह को अंग

(1)

अन्बर कुंजाँ कुरलियाँ, गरजि भरे सब ताल।
जिन ते गोविंद बीछुटे तिनकौ कौन हवाल।।1।।

(2)

बासुरि सुख नाँ रैनि सुख, ना सुख सुपिनै माँह।
कबीर बिछुड़े राम सौं, नाँ सुख धूप न छाँह।।2।।

(3)

बहुत दिनन की जोवती, वाट तुम्हारी राम।
जिव तरसै तुझ मिलन को, मन नाहीं बिसराम।।3।।

(4)

आइ न सक्कौं तुज्झ पै, सकूँ न तुज्झ बुलाइ।
जियरा यौंही लेहुगे, बिरह, तपाइ तपाइ।।4।।

(5)

यह तन जारौं मसि करौं, ज्यूं धूवाँ जाइ सरग्गि।
मति वै राम दया करें, बरसि बुझावैं अग्गि।।5।।

(6)

यह तन जारौं मसि करौं, लिखों राम का नाउँ।
लेखनि करौं करंक की, लिखि लिखि राम पठाउँ।।6।।

(7)

चोट सताँनी बिरह की, सब तन जरजर होइ।
मारनहारा जानि है, कै जिहिं लागी सोइ।।7।।

(8)

बिरह भुवंगम तन बसैं, मंत्र न लागे कोइ।
राम बियोगी ना जिऐ, जिऐ त बौरा होइ।।8।।

(9)

सब रग तंत रबाब तन, बिरह बजावै नित्त।
और न कोई सुनि सकै, कै साईं कै चित्त।।9।।

(10)

बिरहा बिरहा जिनि कहौ, बिरहा है सुलतान।
जा घट बिरह न संचरै, सो घट सदा मसान।।10।।

(11)

अँखियन तौ झांई परी, पंथ निहारि निहारि।
जिभ्या में छाला परा, राम पुकारि पुकारि।।11।।

(12)

जौ राऊँ तो बल घटै, हँसौ तौ राम रिसाइ।
मनहि माँहि बिसूरनाँ, ज्यूं घुन काठहिं खाइ।।12।।

(13)

हंसि हंसि कंत न पाइए, जिन पाया तिनि रोइ।
जो हांसेही हरि मिलै, तो नहीं दुहागनि कोइ।।13।।

(14)

कै बिरहिन कौं मींच दे, कै आपा दिखलाइ।
आठ पहर का दाझनाँ, मौपै सहा न जाइ।।14।।

(15)

सुखिया सब संसार है, खावै अरु सोवै।
दुखिया दास कबीर है, जागै अरु रोवै।।15।।

(16)

दौं लागी सायर जला, पंखी बैठे आइ।
दाधी देह न पालवै, सद्गुरु गया लगाइ।।16।।

(17)

गुरु दाधा चेला जला, बिरहा लागी आगि।
तिनका बपुरा ऊबरा, गलि पूरे कै लागि।।17।।

(18)

अहेड़ी दौ लाइया, मिरग पुकारे रोइ।
जा बन में क्रीला करी, दाझत है बन सोइ।।18।।

(19)

समुन्दर लागि आगि, नदियाँ जलि कोइला भई।
देखि कबीरा जागि, मंछी रूखा चढ़ि गई।।19।।

परचा को अंग

(20)

कबीर मन मधुकर भया, करै निरन्तर वास।
कमल जु फूला नीर बिनु, को देखै निज दास।।20।।

(21)

देखो करम कबीर का, कछु पूरब जनम का लेख।
जाका महल न मुनि लहैं, सौ दोसत किया अलेख।।21।।

(22)

पिंजरा प्रेम प्रकासिया, अंतरि भया उजास।
मुखि कस्तूरी महमहीं, बानी फूटी बास।।22।।

(23)

पानी ही तैं हिम भया, हिम ह्वै गया बिलाइ।
जो कुछ था साई भया, अब कछु कहा न जाइ।।23।।

(24)

आया था संसार में देखन कौं बहु रूप।
कहै कबीरा संत हो, परि गया नजरि अपूप।।24।।

(25)

अंक भरे भरि भेटिया, मन नहिं बाँधे धीर।
कहै कबीर वह क्यों मिलैं, जब लगि दोइ सरीर।।25।।

(26)

सचु पाया सुख ऊपजा, दिलवरिया भरपूरि।
सकल पाप सहजैं गये, साँई मिला हजूरि।।26।।

(27)

जब मैं था तब हरि नहीं, अब हरि हैं मैं नाँहि।
प्रेम गली अति सांकरी, या में दो न समाहिं।।27।।

(28)

जा कारणि मैं ढूंढ़ता, सनमुख मिलिया बाइ।
धन मैली पिव ऊजला, लागि न सक्कौं पाइ।।28।।

(29)

कबीर देखा इक अगम, महिमा कही न जाय।
तेज पुंज पारस मनी, नैननि रहा समाय।।29।।

(30)

मानसरोवर सुभर जल, हंसा केलि कराहिं।
मुकताहल मुंकता चुगैं, अब उड़ि अनत न जाहिं।।30।।

रस को अंग

(31)

कबीर भाठी कलाल की, बहुतक बैठे आइ।
सिर सौंपे सोई पिबै, नहीं तौ पिया न जाइ।।31।।

निहकर्मी पतिव्रता को अंग

(32)

मेरा मुझ में कुछ नहीं, जो कुछ है सो तेरा।
तेरा तुझको सौंपता, क्या लागै है मेरा।।32।।

(33)

कबीर सीप समंद की, रटै पियास पियास।
समंदहि तिनका बरि गिनै, स्वाँति बूँद की आस।।33।।

(34)

कबीर कुत्ता राम का, मोतिया मेरा नाउँ।
गले राम की जेवड़ी, जित खैंचे तित जाउँ।।34।।

शूरातन को अंग

(35)

गगन दमामाँ बाजिया, पूरा निसानैं घाव।
खेत बुहरा सूरिवाँ, मुझ मरने का चाव।।35।।

(36)

खेतन न छाड़ै, सूरिवाँ, जूझै दोउ दल मांहि।
आसा जीवन मरन को, मन मैं आंने नांहि।।36।।

(37)

कबीर यह घर प्रेम का, खाला का घर नांहि।
सीस उतारे हाथ सौं, तब पैसे घर मांहि।।37।।

(38)

प्रेम न बारी ऊपजै, प्रेम न हाटि बिकाइ।
राजापरजा जेहि रुचै, सीस देह लै जाइ।।38।।

(39)

ऐसा कोई न मिला, हम कौं दे उपदेस।
भौसागर मैं डूबता, कर गहि काढै केस।।39।।

(40)

हम घर जारा आपनां लिया मुराड़ा हाथि।
अब घर जालौं तास का, जे चलै हमारे साथि।।40।।

(41)

पानी केरा बुदबुदा, अख मानुस की जाति।
देखत ही छिपि जाएगा, ज्यों तारा परभाति।।41।।

(42)

रोवनहारे भी मुए, मुए जलावन हार।
हा हा करते तें मुए, कासौं करूँ पुकार।।42।।

(43)

जिनि हम जाए ते मुए हम भी चालनहार।
हमरे पाछै पूंजरा, तिन भी बाँधा भार।।43।।

(44)

पैंडे मोती बीखरे अंधा निकसा आई।
जोति बिना जगदीस की, जगत उलंघा जाई।।44।।

(45)

निन्दक नियरे राखिए, आँगनि कुटि बँधाइ।
बिन साबुन पानी बिना, निरमल करै सुभाइ।।45।।

(46)

कबीर आप ठगाइए और न ठगिये कोइ।
आप ठगे सुख उपजै, और ठगे दुख होइ।।46।।

(47)

सरपहिं दूध पिलाइए, दूधै विष ह्वै जाइ।
ऐसा कोइ ना मिलै, स्यूं सरपै विष खाइ।।47।।

(48)

ऊँचा कुल कै कारनै बेख बढ़ा अधिकार।
चंदन बास भेदै नहीं, जारा सब परिवार।।48।।

(49)

हज कावै है है गया, केती बार कबीर।
मीरां मुझमें क्या खता, मुखां न बोले पीर।।49।।

(50)

तिनकहुँ कबहुँ नु निन्दिए, जो पायन तर होइ।
कबहुँ उड़ि आँखनि परै, पीर घनेरी होइ।।50।।

2. सूरदास

सगुण भक्ति शाखा के कृष्ण मार्गी भक्त सूरदास की जीवन संबंधी प्रामाणिक सूचनाओं का भी अभाव सा है। गोकुलनाथ कृत 'चौरासी वैष्णवन की वार्ता', सूरदास कृत 'सूर सारावली' तथा 'साहित्य लहरी' के आधार पर आचार्य रामचंद्र शुक्ल ने सूरदास का जन्म 1478 ई. तथा मृत्यु 1589 ई. के आसपास मानी है। कुछ विद्वान् सूरदास का जन्म स्थान रुनकता (रेणुका क्षेत्र) मानते हैं तो कुछ दिल्ली के समीप सीही गाँव को उनकी जन्म स्थली कहते हैं। इनके माता-पिता और जाति के विषय में विशेष पता नहीं चलता। डॉ. ब्रजेश्वर वर्मा इन्हें ब्रह्मभाट मानते हैं तथा डॉ. दीनदयालु गुप्त इन्हें सारस्वत ब्राह्मण मानते हैं। कुछ विद्वान् इन्हें विवाहित मानते हैं और कुछ अविवाहित। सूर के अंधत्व को लेकर भी पर्याप्त विवाद रहा है। जन्मान्ध कवि द्वारा सांसारिक पदार्थों का ऐसा सुंदर एवं मार्मिक चित्रण अलौकिक प्रतिभा अथवा भागवत कृपा से ही संभव है। यह भी हो सकता है कि सूर जन्मान्ध न रहे हों और बाद में अंधे हुए हों। सूरदास घर बार छोड़कर गाँव के बाहर पीपल के नीचे बैठकर शकुन विचार करते और भगवत भजन में लीन रहते। आगरा और मथुरा के बीच गऊघाट में निवास करते हुए इनकी भक्ति और गायन की ख्याति इतनी फैली कि मथुरा जाते समय स्वयं महाप्रभु बल्लभाचार्य इनसे मिलने आए। सूर के विनय पदों से वे प्रभावित हुए परंतु साथ ही उन्होंने सूर को कहा–'सूर ह्वै के ऐसो घिघियात काहे को हौ, कछु भगवत् लीला वर्णन करि।' भगवान कृष्ण की लीला सुनाकर सूरदास को प्रेरित किया और कालांतर में गोवर्धन पर्वत पर प्रातः सेवा का दायित्व सूर को सौंपा। पुष्टि मार्ग में दीक्षित सूर ने जहाँ बाल कृष्ण की रूप माधुरी और मनोहारी क्रीड़ाओं को अपनी मधुर आवाज़ में गाया वहीं पर किशोर कृष्ण की रासलीला, चीरहरण और दानलीला आदि के माध्यम से शृंगार रस का भी पूर्ण परिपाक अपने काव्य में दिखाया। सूर का भ्रमरगीत उपालम्भ काव्य का सर्वश्रेष्ठ उदाहरण है तथा विप्रलम्भ या वियोग शृंगार का अनुपम चित्रण इसमें हुआ है। निर्गुण पर सगुण की विजय

का उद्घोष भी भ्रमरगीत में है। सूरदास की रचनाओं में सर्वाधिक लोकप्रिय एवं सूर की अक्षय कीर्ति का आधार 'सूरसागर' है। 'सूर सारावली' तथा 'साहित्य लहरी' को भी इनकी रचनाएँ माना जाता है भले ही उनकी प्रामाणिकता संदिग्ध है। 'सूर सारावली' में 1103 पद हैं। रचनाकार ने इसे सूरसागर का सार कहा है परंतु इसमें कृष्ण चरित के अनेक ऐसे पक्षों का उद्घाटन हुआ है जो सूरसागर में नहीं है। संभवतः सूर सारावली का रचयिता कोई और कवि था। 'साहित्य लहरी' में राधा-कृष्ण की लीला का वर्णन है। यह अलंकार तथा नायिका भेद का ग्रंथ है। इसमें अनेक दृष्टि कूट पद हैं। इसकी प्रामाणिकता भी संदिग्ध है। कवि की प्रकृति से यह रचना मेल नहीं खाती।

'सूरसागर' ही सूर का एकमात्र प्रामाणिक ग्रंथ माना जा सकता है। परंपरा से प्रसिद्ध है कि इसमें सवा लाख पद थे परंतु उपलब्ध सूरसागर में पाँच हज़ार पद ही हैं। इसमें कुल बारह स्कन्ध (अध्याय) हैं। सूरसागर की रचना भागवत के आधार पर हुई है परंतु यह भागवत का भावानुवाद नहीं है। सूर ने अनेक नवीन एवं मार्मिक प्रसंगों की उद्भावना कर कृष्णलीला को लोकप्रिय बनाया। गऊघाट पर रहते हुए सूर ने अधिकतर विनय के पद लिखे थे जिनमें भाव विह्वलता देखते ही बनती है। बल्लभ के पुष्टिमार्ग में दीक्षित होने के उपरांत सूर ने वात्सल्य, सख्य और माधुर्य प्रेम के पद लिखे। सूर बाल्य-वर्णन के क्षेत्र में एकछत्र सम्राट हैं। ऐसा प्रतीत होता है कि सूर अपने मन की आँखों से निरन्तर कृष्ण की बाल लीला को देखते और गाते हैं। बाल मनोविज्ञान की जितनी गहरी पकड़ वीतरागी सूरदास की है उतनी गृहस्थों की भी नहीं होती। 'सूरसागर' निश्चय ही बाल चेष्टाओं का विश्वकोश है। अष्टछाप के कवियों में सूरदास की बांसुरी की तान सबसे मधुर एवं मोहक थी। सूर ने बाल्य-वर्णन के अछूते क्षेत्र में प्रवेश किया और इसे अपनी अलौकिक प्रतिभा से चमत्कृत कर दिया। वात्सल्य भाव को वत्सल रस का रूप उन्होंने ही प्रदान किया। सूर का बचपन माता-पिता के स्नेह एवं सुख से वंचित था इसलिए उन्होंने अपने बालकृष्ण को असीम प्यार और दुलार दिला कर अपने बचपन के अभाव की पूर्ति की। कृष्ण के बालरूप की आराधना का विधान भी पुष्टि मार्ग में था इसलिए भी वे बाल्य-वर्णन की ओर अग्रसर हुए। रसराज श्रृंगार का चित्रण लीलापदों और भ्रमरगीत में हुआ है। विरह या विप्रलम्भ श्रृंगार महाकवि की कसौटी है। सूर की गोपियों का विरह इतना मार्मिक है कि प्रकृति उनके साथ रोती है और उद्धव जैसे निर्गुणमार्गी का ज्ञान गर्व उनकी करुण उक्तियों और आँसुओं में बह जाता है। गोपियाँ उद्धव को तर्क से नहीं अपने भोलेपन और भावुकता से पराजित करती हैं। इस क्षेत्र में भी सूर महाकवि सिद्ध होते हैं। 'सूरसागर' में सभी रसों का परिपाक हुआ है।

सूर ने बोलचाल की ब्रजभाषा का काव्यात्मक प्रयोग किया। बिम्बात्मकता, चित्रात्मकता एवं सहजता उनकी भाषा के स्वाभाविक गुण हैं। ब्रज के मुहावरों और

लोकोक्तियों का अक्षय भण्डार सूर के काव्य में है। हजारी प्रसाद द्विवेदी के शब्दों में, "सूरदास जब अपने प्रिय विषय का वर्णन शुरू करते हैं तो मानो अलंकारशास्त्र हाथ जोड़कर उनके पीछे-पीछे दौड़ा करता है, उपमाओं की बाढ़ आ जाती है, रूपकों की वर्षा होने लगती है।" सूर के काव्य में संगीतात्मकता सर्वत्र विद्यमान है। लगता है संगीत के प्रवाह में कवि अपने साथ पाठक या श्रोता को भी बहाए लिए जा रहा है, आत्म विस्मृत करता जा रहा है। सूरदास ने बालकृष्ण को सार्वभौमिक माँ का रूप दिया। विश्व में जहाँ कहीं माँ अपने बेटे से प्यार करेगी वहीं पर यशोदा और कृष्ण उसके आदर्श रहेंगे। परम्परा में मिले अनेक कथन सूर के महत्त्व को उद्घाटित करते हैं, यथा–

सूर सूर, तुलसी ससी, उडुगन केशवदास।
अब के कवि खद्योत सम, जहँ तहँ करत प्रकास।।

इसी प्रकार–

जो कुछ रहा सो अंधरा कहिगा, कठबड कहेसि अनूठी।
बचा खुचा सो जोलहा कहिगा, और कहे सो झूठी।

प्रथम दोहे में सूरदास को हिंदी साहित्याकाश का सूर्य कहा गया है। दूसरे में कहा गया है कि सब कुछ तो अंधरा अर्थात् सूरदास ही कह गया, कठबड (तुलसीदास) ने भी अनूठी कविता की। जो कुछ बचा उसे कबीर कह गया शेष कवियों का लिखा सब झूठा है। निश्चय ही सूर हिंदी के ही नहीं विश्व साहित्य के महाकवि हैं।

2. सूरदास

(क) विनय तथा भक्ति

प्रभु, हौं सब पतितन कौ टीकौ।
और पतित सब दिवस चारिके, हौं तो जनमत ही कौ।
बधिक अजामिल, गनिका तारी और पूतना ही कौ।
मोहिं छांड़ि तुम और उधारै, मिटै सूल क्यौं जी कौ।
कोउ न समरथ अघ कारिबै कौं, खैंचि कहत हौं लीकौ।
मरियत लाज सूर पतितनि में, मौहूं तैं को नीकौ।

(2)

अविगत-गति कछु कहत न आवै।
ज्यौं गूंगे मीठे फल कौ रस अंतरगत ही भावै।
परम स्वाद सबही सु निरंतर अमित तोष उपजावै।
मन-वानी कौ अगम-अगोचर, सो जाने जो पावै।
रूप-रेख-गुन-जाति जुगति-बिनु निरालंब कित धावै।
सब विधि अगम विचारहिं तातैं सूर सगुन-पद गावै।

(3)

प्रभु कौ देखौ एक सुभाइ।
अति-गंभीर-उदार-उदधि हरि जान-सिरोमनि राइ।
तिनका सौं अपने जनको गुन मानत मेरु-समान।

सकुचि गनत अपराध-समुद्रहिं, बूंद-तुल्य भगवान।
बदन-प्रसन्न कमल सनमुख ह्वै देखत हौं हरि जैसें।
विमुख भए अकृपा न निमिषहू, फिरि चितयौं तो तैसें।
भक्त-विरह कातर करुनामय, डोलत पाछें लागे।
सूरदास ऐसे स्वामी कौं देहिं पीठि सो अभागे।

(4)

हमारे, प्रभु, औगुन चित न धरौ।
समदरसी है नाम तिहारौ, सोई पर करौ।
एक लोहा पूजा में राखत, इक घर बधिक परौ।
सो दुबिधा पारस नहिं जानत, कंचन करत खरौ।
एक नदिया इक नार कहावत, मैलौ नीर भरौ।
जब मिल गए तब एक बरन ह्वै, गंगा नाम परौ।
तन माया, ज्यौं ब्रह्म कहावत, सूर सु मिल बिगरौ।
कै इनको निरधार कीजियै, कै प्रन जात टरौ।

(5)

अब कैं राखि लेहु भगवान।
हौं अनाथ बैठ्यो द्रुम-डरिया, पारधि साधे बान।
ताकैं डर मैं भाज्यो चाहत, ऊपर ढुक्यौ सचान।
दुहुं भांति दुख भयौ आनि यह, कौन उबारै प्रान ?
सुमिरत ही अहि डस्यौ पारधी, कर छुट्यौ संधान।
सूरदास सर लग्यौ सचानहिं, जय जय कृपानिधान।

(6)

मेरा मन अनत कहां सुख पावै।
जैसें उड़ि जहाज को पंछी, फिर जहाज पर आवै।
कमल नैन को छांड़ि महातम, और देव कों ध्यावै।
परम गंग को छांड़ि पियासौ, दुरमति कूप खनावै।
जिहिं मधुकर अंबुज-रस चाख्यौ, क्यों करीलफल भावै।
सूरदास-प्रभु कामधेनु तजि, छेरि कौन दुहावै।

(7)

तजौ मन, हरि विमुखन को संग।
जिनकें संग कुमति उपजति है परत भजन में भंग।
कहा होत पय पान कराएं, विष नहिं तजत भुजंग।
कागहिं कहा कपूर चुगाएं, स्वान न्हवाए गंग।
खर कौं कहा अरगजा लेपन, मरकट भूषण-अंग।
गज कौं कहा सरित अन्हवाए, बहुरि धरे वह ढंग।
पाहन पतित बान नहिं बेंधत, रीतौ करत निषंग।
सूरदास कारी कामरि पै, चढ़त न दूजौ रंग।

(8)

चरन-कमल बंदौं हरि-राइ।
जाकी कृपा पंगु गिरि लंघै, अंधे को सब कछु दरसाइ।
बहिरौ सुनै, गूंग पुनि बोलै, रंक चलै सिर छत्र धराइ।
सूरदास स्वामी करुनामय, बार-बार बंदौं तिहिं पाइ।

(ख) रूप माधुरी एवं बाललीला

(9)

नैन भए बोहित के काग।
उड़ि उड़ि जात पार नहिं पावैं, फिरि आवत इहिं लाग।
ऐसी दसा भई री इनकी, अब लागे पछितान।
मो बरजत बरजत उठि धाये, नहिं पायो अनुमान।
वह समुद्र, ओछे वासन ये, धरैं कहां सुख रासि।
सुनहु सूर, ये चतुर कहावत, वह छवि महा प्रकासि।

(10)

उपमा हरि-तनु देखि लजानी।
कोउ जल मैं, कोउ बननि रही दुरि कोउ कोउ गगन समानी।
मुख निरखत ससि गयौ अम्बर कौं, तड़ित दसन-छवि हेरि।

मीन कमल कर-चरन नयन डर, जल मैं कियौ बसेरि।
भुजा देखि अहिराज लजाने, बिवरन पैठे धाइ।
कटि निरखत केहरि डर मान्यौ, बन-बर रहे दुराइ।
गारी देहिं कविन कैं बरनत, श्री अंग पटतर देत।
सूरदास हमकों सर मानत, नाउं हमारौ लेत।

(11)

सुन मुख देखि जसोदा फूली।
हरषित देखि दूध की दतुली, प्रेम-मगन तन की सुधि भूली।
बाहिर ते तब नन्द बुलाए, देखौं धौं सुन्दर सुखदाई।
तनक-तनक-सी दूध-दंतुलियां, देखौ, नैन सफल करौ आई।
आनंद सहित महर तब आये, मुख चितवत दोउ नैन अघाई।
सूर श्याम किलकत द्विज देखे, मनो कमल पर बिज्जु जमाई।

(12)

बूझत स्याम कौन तू गोरी।
कहां रहति काकी है बेटी, देखी नहीं कहुं ब्रज खोरी।
काहे को हम ब्रज तन आवतिं, खेलति रहतिं आपनी पौरी।
सुनत रहतिं स्रवननि नंद-ढोटा करत फिरत दधि-माखन चोरी।
तुम्हरौ कहा चोरि हम लैहैं, खेलन चलो संग मिलि जोरी।
सूरदास प्रभु रसिक-सिरोंमनि, बातनि भुरइ राधिका भोरी।

(13)

सोभित कर नवनीत लिए।
घुटुरुनि चलत रेनु-तन-मंडित मुख दधि लेप किए।
चारु कपोल, लोल-लोचन, गोरोचन तिलक दिए।
लट लटकनि मनु मत्तमधुपगन, मादक मधुहिं पिए।
धन्य सूर एकौ पल इहिं सुख, का सत कल्प जिए।

(14)

खेलत मैं को काकौ गुसैयां।
हरि हारे जीते श्रीदामा, बरबस ही कत करत रिसैयां।
जाति-पांति हमतें बड़ नाहीं, नाही बसत तुम्हारी छैयां।
अति अधिकार जनावत यातें जातैं अधिक तुम्हारी गैयां।
रूहठि करैं तासौं को खेलै, रहे बैठि जहं तहं सब ग्वैयां।
सूरदास प्रभु खेल्योइ चाहत, दाऊं दियो करि नंद-दुहैयां।

(ग) मथुरा-गमन एवं भ्रमरगीत

(15)

संदेसौ देवकी सौं कहियौ।
हौं तो धाइ तिहारे सुत की, मया करत ही रहियौ।
जदपि टेव तुम जानत उनकी, तऊ मोहि कहि आवै।
प्रात होत मेरे लाल लड़ैतें माखन रोटी भावै।
तेल उबटनो अरू तातो जल, ताहि देख भजि जाते।
जोइ जोइ मांगत सोइ सोइ देती, क्रम क्रम करिकै न्हाते।
'सूर' पथिक सुनि माहि रैन दिन, बढयौ रहत उर सोच।
मेरो अलक लड़ैतो मोहन, ह्वै है करत संकोच।

(16)

संदेसनि मधुबन कूप भरे।
अपने तौ पठवत नहिं मोहन, हमरे फिरि न फिरे।
जितै पथिक पठए मधुबन कौं, बहुरि न सोध करे।
कै वै स्याम सिखाइ प्रमोधे, कै कहुं बीच मरे।
कागद गिरे मेघ, मसि खूटी, सद दव लागि जरे।
सेवक 'सूर' लिखन को आंधौ, पलक कपाट अरे।

(17)

निरगु॰ देस कौ बासी।
मधुकर कहि समुझाइ, सौंह दै बूझति सांच न हांसी।
को है जनक, जननि को कहियत, कौ नारि को दासी।
कैसो बरन, भेष है कैसो, केहिं रस में अभिलाषी।
पावैगो पुनि कियो आपुनो जो रे कहैगो गांसी।
सुनत मौन ह्वै रह्यौ ठगो-सौ सूर सबै मति नासी।

(18)

जोग ठगौरी ब्रज न बिकैहै।
मूरी के पातनि के बदलै, को मुक्ताहल देहै।
यह ब्यौपार तुम्हारौ ऊधो, ऐसैं ही धरयौ रैहै।
जिन पै तैं लै आए ऊधो तिनहिं के पेट समैहै।
दाख छांडि कै कटुक निबौरी, को अपने मुख खैहै।
गुन करि मोही सूर सांवरै, को निरगुन निरवैहै।

(19)

निरखति अंक स्याम सुन्दर के, बार-बार लावंति छाती।
लोचन जल कागद मसि मिलि कै, ह्वै गई स्याम स्याम जू की पाती।
गोकुल बसत नंदनंदन के, कबहुं बयारि न लागी ताती।
अरू हम उती कहा कहौं ऊधौ, जब सुनि नेनु नाद संग जाती।
उनकें लाड बदति नहिं काहू, निसि दिन रसिक-रास-रस राती।

(20)

ऊधौ मन न भए दस बीस।
एक हुतौ सो गयो स्याम संग, को अवराधै ईस।
इंद्री सिथिल भई केसव बिनु, ज्यों देही बिनु सीस।
आसा लागि रहति तन स्वासा, जीवहिं कोटि बरीस।
तुम तो सखा स्याम सुंदर के, सकल जोग के ईस।
सूर हमारै नंद-नंदन बिनु, और नहीं जगदीस।

(21)

बिलग जनि मानौ ऊधौ कारे।
वह मथुरा काजर की ओवरि जे आवैं ते, कारे।
तुम कारे, सुफलक सुत कारे, कारे कुटिल भंवारे।
कमलनैन की कौन चलावैं सबहिनि मैं मनियारे।
मानौ नील माट तैं काढ़े, जमुना आइ पखारे।
तातैं स्याम भई कालिंदी, सूर स्याम गुन न्यारे।

(22)

ऊधौ मनमाने की बात।
दाख छुहारा छांड़े अमृत-फल, विषकीरा विष खात।
ज्यौं चकोर कौं देइ कपूर कोउ, तजि अंगार अघात।
मधुप करत घर कोरि काठ मैं, बंधत कमल के पात।
ज्यौं पतंग हित जानि आपनौ, दीपक सौं लपटात।
सूरदास जाको मन जासौं, सोई ताहि सुहात।

(घ) सुदामा चरित

(23)

सुदामा सोचत पंथ चले।
कैसें करि मिलिहैं मोहिं श्रीपति, भए तब सगुन भले।
पहुंच्यौ जाइ राजद्वारै पर, काहू नहिं अटकायौ।
इत उत चितै धंस्यौ मंदिर मैं, हरि को दरसन पायौ।
मन में अति आनंद कियौ हरि, बाल-मीत पहिचान।
धाए मिलन नगन पग आतुर, सूरज प्रभु भगवान।

(24)

ऐसी प्रीति की बलि जाऊं।
सिंहासन तज चले मिलन कौं, सुनत सुदामा नाऊं।
कर जोरे हरि विप्र जानि कै, हित करि चरन पखारे।
अंकमाल दै मिले सुदामा, अर्धासन बैठारे।

अर्धंगी पूछति मोहन सौ, कैसे हितू तुम्हारे।
तन अति छीन मलीन देखियत, पाऊं कहां ते धारे।
संदीपन के हम अरु सुदामा, पढ़त एक चटसार।
सूर स्याम की कौन चलावै, भक्तनि कृपा अपार।

(25)

हरि बिनु कौन दरिद्र हरै।
कहत सुदामा सुनि सुन्दरि, हरि मिलन न मन बिसरै।
और मित्र ऐसी गति देखत, को पहिचान करै।
विपति परें कुसलात न बूझै, बात नहीं विचरै।
उठि भेटे हरि तंदुल लीन्हे, मोहिं न वचन फुरै।
सूरदास लछि दई कृपा करि, टारी विधि न टरै।

3. गोस्वामी तुलसीदास
(जन्म 1532 ई. मृत्यु 1623 ई.)

मध्यकालीन अन्य भक्त कवियों की तरह ही तुलसीदास का प्रामाणिक जीवन वृत्त भी उपलब्ध नहीं है। अपने आराध्य को सर्वस्व अर्पण करने वाले भक्त अपना सांसारिक परिचय देते भी तो क्यों? कवितावली और विनयपत्रिका में आए अनेक अंशों से पता चलता है कि उनका बचपन नितांत निर्धनता में बीता और उन्हें भिक्षा माँगकर गुज़ारा करना पड़ा था। जनश्रुति से गोस्वामी का जन्म 1532 ई. में और मृत्यु 1623 ई. में हुई। उनके जन्म स्थान को लेकर विद्वान् एकमत नहीं हैं। कुछ लोग उनका जन्म बाँदा ज़िले के राजापुर में मानते हैं और कुछ एटा ज़िले के सोरों में। पिता का नाम आत्मा राम दुबे और माता का हुलसी बताया जाता है। अशुभ नक्षत्र में पैदा हुए बालक रामबोला को माता-पिता ने जन्म से त्याग दिया और पालन का भार दासी मुनिमा पर पड़ा। पाँच वर्ष के अबोध रामबोला को भीख के अन्न पर जीने के लिए छोड़कर दासी परलोक चली गई। बालक रामबोला ही महात्मा तुलसी दास बने और उन्होंने लिखा–

> जाति के सुजाति के, कुजाति के पेटागि बस,
> खाए टूक सबके, विदित बात दुनि सों।

गोस्वामी अयोध्या, काशी, चित्रकूट और सूकर खेत में रहे और यहीं पर गुरु के मुख से इन्होंने राम कथा सुनी। तुलसी ने अपने गुरु को 'कृपासिंधु नररूप हरि' कहा जिसके आधार पर नरहर्यानन्द को उनका गुरु मान लिया गया। अयोध्या, चित्रकूट और काशी तुलसीदास के प्रिय स्थान हैं। अयोध्या में ही 1575 ई. में चैत्रमास की रामनवमी को तुलसीदास ने मानस की रचना प्रारम्भ की थी। भक्तमाल के लेखक नाभादास जी ने गोस्वामी जी को कलियुग का वाल्मीकि कहा है स्मिथ ने उन्हें 'मुगलकाल का सबसे महान् व्यक्ति कहा' तो ग्रियर्सन ने बुद्धदेव के बाद सबसे बड़ा लोकनायक माना। उन्होंने तुलसी कृत रामायण (रामचरितमानस) को उत्तर भारत की बाइबिल कहा है। परम रामभक्त तुलसी ने अपने आराध्य का गुणगान अनेक

रूपों में किया और राम परिवार को जातीय आदर्श के रूप में स्थापित किया। हनुमान मंदिरों की स्थापना और रामलीलाओं का संचालन करने के साथ-साथ स्वस्थ शरीर के लिए अखाड़ों की स्थापना भी तुलसीदास ने की है। दीनबन्धु पाठक की बेटी रत्नावली से उनकी शादी हुई थी और उसकी फटकार ने ही रामबोला को रामभक्त तुलसी बना दिया। तुलसी का देहांत काशी में अस्सीघाट पर 1623 ई. में हुआ।

नागरी प्रचारिणी सभा ने जो तुलसी ग्रंथावली प्रकाशित की है उसमें तुलसी विरचित बारह ग्रंथों का उल्लेख है। आचार्य शुक्ल ने भी इन्हीं बारह ग्रंथों को प्रामाणिक माना है। ये ग्रंथ हैं—रामचरितमानस, जानकी मंगल, पार्वती मंगल, रामाज्ञा प्रश्न, वैराग्य संदीपनी, कवितावली, गीतावली, दोहावली, श्रीकृष्ण गीतावली, रामलला नहछू, बरवै रामायण और विनय पत्रिका। इनमें रामचरितमानस, पार्वती मंगल और जानकी मंगल प्रबंध काव्य हैं और शेष मुक्तक काव्य हैं। तुलसी को ब्रज तथा अवधी पर समान अधिकार प्राप्त था। विनय पत्रिका, गीतावली, कृष्ण गीतावली तथा कवितावली की रचना ब्रज में हुई है और शेष रचनाएँ अवधी में हैं।

'कवितावली' में मानस की कथा को कवित्त, सवैयों और छप्पयों में काण्डों के अनुसार लिखा गया है। उत्तरकाण्ड सर्वाधिक लम्बा है और उसमें कलियुग का वर्णन मार्मिक है। इसमें कुल 183 पद हैं। 'दोहावली' में भक्ति, नीति एवं वैराग्य विषयक 573 दोहों का संग्रह है। 'गीतावली' में लीला विषयक गीतों का संग्रह है। 'कवितावली' की तरह इसमें भी रामकथा कांडों में विभक्त है। 'विनयपत्रिका' किसी भक्त द्वारा अपने आराध्य की सेवा में भेजी गई सबसे लम्बी चिट्ठी है। इसमें विनय सम्बन्धी गेय पदों का संग्रह है। 'रामाज्ञा प्रश्न' रामकथा के आधार पर ज्योतिषफल बताने वाली रचना है। यह शकुन विचार की पुस्तक है। 'वैराग्य संदीपनी' संत स्वभाव और शांति का वर्णन करने वाली दोहा-चौपाइयों में लिखित छोटी पुस्तिका है। बरवै रामायण में 69 बरवै छंदों में रामकथा कही गई है। श्रीकृष्ण गीतावली में भगवान कृष्ण का चरित पदों में गाया है। 'रामलला नहछू' यज्ञोपवीत, विवाह आदि जैसे अवसरों पर गाए जाने वाले लोकगीत की शैली में लिखित राम काव्य है। तुलसीदास का दार्शनिक मन विशिष्ट द्वैतवाद है तथा भक्ति-पद्धति सेवक-सेव्य भाव की है। गोस्वामी जी ने शास्त्रीय और लोकशैली में काव्य रचना एकसाथ की है। रामलला नहछू, जानकी मंगल और पार्वती मंगल में सोहर छंद का लौकिक माधुर्य है तो कवितावली में कवित्त सवैयों की छटा है। मानस में दोहा-चौपाई शैली का चमत्कार है तो गीतावली और विनयपत्रिका में गीतबंध परिपाटी की रचना है। दोहावली फुटकल दोहों का संग्रह है। विषय के अनुरूप छंद और छंद के अनुरूप विषय खोजने में तुलसीदास सिद्धहस्त हैं। तुलसी की रचनाओं का विषय पक्ष जितना गम्भीर है शैली पक्ष उतना ही प्रौढ़ है। रामकथा को घर-घर पहुँचाने वाले और राम परिवार को जातीय आदर्श के रूप में स्थापित करने वाले तुलसीदास निश्चय ही लोकनायक थे, महाकवि थे।

3. गोस्वामी तुलसीदास

लंका काण्ड

(क) रामचरितमानस–अंगद दौत्य

कह दसकंठ कवन तैं बंदर। मैं रघुबीर दूत दसकंधर।।
मम जनकहि तोहि रही मिताई। तव हित कारन आयउँ भाई।।
उत्तम कुल पुलस्ति कर नाती। सिव बिरंचि पूजेहु बहु भाँती।।
बर पायहु कीन्हेहु सब काजा। जीतेहु लोकपाल सब राजा।।
नृप अभिमान मोह बस किंबा। हरि आनिहु सीता जगदंबा।।
अब सुभ कहा सुनहु तुम्ह मोरा। सब अपराध छमिहि प्रभु तोरा।।
दसन गहहु तृन कंठ कुठारी। परिजन सहित संग निज नारी।।
सादर जनकसुता करि आगें। एहि बिधि चलहु सकल भय त्यागें।।

दो.– प्रनतपाल रघुबंसमनि त्राहि त्राहि अब मोहि।
आरत गिरा सुनत प्रभु अभय करैगो तोहि।।1।।

रे कपिपोत बोलु संभारी। मूढ़ न जानेहि मोहि सुरारी।।
कहु निज नाम जनक कर भाई। केहि नातें मानिऐ मिताई।।
अंगद नाम बालि कर बेटा। तासों कबहुँ भई ही भेटा।।
अंगद बचन सुनत सकुचाना। रहा बालि बानर मैं जाना।।
अंगद तहीं बालि कर बालक। उपजेहु बंस अनल कुल घालक।।
गर्भ न गयहु व्यर्थ तुम्ह जायहु। निज मुख तापस दूत कहायहु।।
अब कहु कुसल बालि कहँ अहई। बिहँसि बचन तब अंगद कहई।।

दिन दस गएँ बालि पहिं जाई। बूझेहु कुसल सखा उर लाई।।
राम बिरोध कुसल जसि होई। सो सब तोहि सुनाइहि सोई।।
सुनु सठ भेद होइ मन ताकें। श्रीरघुबीर हृदय नहिं जाकें।।

दो.– हम कुल घालक सत्य तुम्ह कुल पालक दससीस।
अंधउ बधिर न अस कहहिं नयन कान तव बीस।।2।।

सिव बिरंचि सुर मुनि समुदाई। चाहत जासु चरन सेवकाई।।
तासु दूत होइ हम कुल बोरा। अइसिहुँ मति उर बिहर न तोरा।।
सुनि कठोर बानी कपि केरी। कहत दसानन नयन तरेरी।
खल तव कठिन बचन सब सहऊँ। नीति धर्म मैं जानत अहऊँ।।
कह कपि धर्मसीलता तोरी। हमहुँ सुनी कृत पर त्रिय चोरी।।
देखी नयन दूत रखवारी। बूड़ि न मरहु धर्म ब्रतधारी।
कान नाक बिनु भगिनि निहारी। छमा कीन्हि तुम्ह धर्म बिचारी।।
धर्मसीलता तब जग जागी। पावा दरसु हमहुँ बड़भागी।।

दो.– जनि जल्पसि जड़ जंतु कपि सठ बिलोकु मम बाहु।
लोकपाल बल बिपुल ससि ग्रसन हेतु सब राहु।।3(क)।।
पुनि नभ सर मम कर निकर कमलन्हि पर करि बास।
सोभत भयउ मराल इव संभु सहित कैलास।।3(ख)।।

(ख) वर्षा वर्णन

सुंदर बन कुसुमित अति सोभा। गुंजत मधुप निकर मधु लोभा।।
कंद मूल फल पत्र सुहाए। भए बहुत जब ते प्रभु आए।।
देखि मनोहर सैल अनूपा। रहे तहँ अनुज सहित सुरभूपा।।
मधुकर खग मृग तनु धरि देवा। करहिं सिद्ध मुनि प्रभु कै सेवा।।
मंगलरूप भयउ बन तब ते। कीन्ह निवास रमापति जब ते।।
फटिक सिला अति सुभ्र सुहाई। सुख आसीन तहाँ द्वौ भाई।।
कहत अनुज सन कथा अनेका। भगति बिरति नृपनीति बिबेका।।
बरषा काल मेघ नभ छाए। गरजत लागत परम सुहाए।।

दो.– लछिमन देखु मोर गन नाचत बारिद पेखि।
गृही बिरति रत हरष जस बिष्नु भगत कहुँ देखि।।4।।

घन घमंड नभ गरजत घोरा। प्रिया हीन डरपत मन मोरा।।

दामिनि दमक रह न घन माहीं। खल कै प्रीति जथा थिर नाहीं।।
बरषहिं जलद भूमि निअराएँ। जथा नवहिं बुध बिद्या पाएँ।।
बूँद अघात सहहिं गिरि कैसें। खल के बचन संत सह जैसें।।
छुद्र नदीं भरि चलीं तोराई। जस थोरेहुँ धन खल इतराई।।
भूमि परत भा ढाबर पानी। जनु जीवहि माया लपटानी।।
समिटि समिटि जल भरहिं तलावा। जिमि सदगुन सज्जन पहिं आवा।।
सरिता जल जलनिधि महुँ जाई। होइ अचल जिमि जिव हरि पाई।।

दो.– हरित भूमि तृन संकुल समुझि परहिं नहिं पंथ।
जिमि पाखंड बाद तें गुप्त होहिं सदग्रंथ।।5।।

दादुर धुनि चहु दिसा सुहाई। बेद पढ़हिं जनु बटु समुदाई।।
नव पल्लव भए बिटप अनेका। साधक मन जस मिलें बिबेका।।
अर्क जवास पात बिनु भयऊ। जस सुराज खल उद्यम गयऊ।।
खोजत कतहुँ मिलइ नहिं धूरी। करइ क्रोध जिमि धरमहि दूरी।।
ससि संपन्न सोह महि कैसी। उपकारी कै संपति जैसी।।
निसि तम घन खद्योत बिराजा। जनु दंभिन्ह कर मिला समाजा।।
महाबृष्टि चलि फूटि किआरीं। जिमि सुतंत्र भएँ बिगरहिं नारीं।।
कृषी निरावहिं चतुर किसाना। जिमि बुध तजहिं मोह मद माना।।
देखिअत चक्रबाक खग नाहीं। कलिहि पाइ जिमि धर्म पराहीं।।
ऊषर बरषइ तृन नहिं जामा। जिमि हरिजन हियँ उपज न कामा।।
बिबिध जंतु संकुल महि भ्राजा। प्रजा बाढ़ जिमि पाइ सुराजा।।
जहँ तहँ रहे पथिक थकि नाना। जिमि इंद्रिय गन उपजें ग्याना।।

दो.– कबहुँ प्रबल बह मारुत जहँ तहँ मेघ बिलाहिं।
जिमि कपूत के उपजें कुल सद्धर्म नसाहिं।।6(क)।।
कबहुँ दिवस महँ निबिड़ तम कबहुँक प्रगट पतंग।
बिनसइ उपजइ ग्यान जिमि पाइ कुसंग सुसंग।।6(ख)।।

(ग) वैराग्य-संदीपनी

मैं तैं मेटयो मोहतम, उग्यो आत्मा भानु।
संत राज सों जानिए, तुलसी या सहिदानु।।1।।

धन्य-धन्य माता पिता धन्य पुत्र नर सोइ।
तुलसी जो रामहि भजे, जैसेहु कैसेहु होइ।।2।।
तुलसी जाके वदन ते, धोखेहु निकसत राम।
ता के पग की पगतरी, मेरे तन को चाम।।3।।
अति ऊंचे भू धरनि पर, भुजगन के अस्थान।
तुलसी अति नीचे सुखद, ऊख, अन्न अरू पान।।4।।
फिरि दोहाई राम की, गे कामादि भाजि।
तुलसी ज्यों रवि के उदय, तुरत जात तम लाजि।।5।।
यह विराग संदीपनी, सुजन सुचित सुनि लेहु।
अनुचित वचन विचारि के, जस सुधारि तस देहु।।6।।

(घ) विनय-पत्रिका

(1)

बावरो रावरो नाह भवानी।
दानि बड़ो दिन देत दये बिनु बेद बड़ाई भानी।।
निज घर की वर बात बिलोकहु हो तुम परम सयानी।
सिव की दई संपदा देखत श्री सारदा सिहानी।।
जिनके भाल लिखी लिपि मेरी सुख की नहीं निसानी।
तिन रंकन को नाक सँवारत हौं आयों नकबानी।।
दुख दीनता दुखी इनके दुख जाचकता अकुलानी।
यह अधिकार सौंपिये औरहिं भीख भली मैं जानी।।
प्रेम प्रसंसा विनय व्यंग जुत सुनि विधि की वर बानी।
तुलसी मुदित महेस मनहिं मन जगत मातु मुसुकानी।।

(2)

मन पछतैहै अवसर बीते।
दुर्लभ देह पाइ हरि पद भजु करम वचन अरु हीते।।
सहसबाहु दसबदन आदि नृप बचे न काल बलीते।
हम हम करि धन धाम सँवारे अन्त चले उठि रीते।।
सुत बनितादि जानि स्वारथ रत न करु नेह सबहीते।

अन्तहुँ तोहिं तजैंगे पामर तू न तजै अबहीते।।
अब नाथहिं अनुरागु जागु जड़ त्यागु दुरासा जीते।
बुझे न काम अगिनि 'तुलसी' कहुँ विषय भोग बहु घीते।।

(3)

तू दयाल, दीन हौं, तू दानि हौं भिखारी।
हूँ प्रसिद्ध पातकी, तू पाप पुञ्ज हारी।।
नाथ तू अनाथ को, अनाथ कौन मोसों।
मो समान आरत नहिं आरतहर तोसों।।
ब्रह्म तू, हूँ जीव, तू ठाकुर, हूँ चेरो।
तात मात गुरु सखा तू सब विध हित मेरो।।
तोहि मोहि नातो अनेक मानिये जो भावै।
ज्यों त्यों 'तुलसी' कृपाल चरन सरन आवै।।

(4)

ममता तू न गई मेरे मन तें।
पाके केस जन्म के साथी लाज गई लोकन तें।
तन थाके कर कम्पन लागे जोति गई नैनन तें।।
सरवन वचन न सुनत काहु के बल गये सब इन्द्रिन तें।
टूटे दसन बचन नहिं आवत सोभा गई मुखन तें।।
कफ पित बात कंठ पर बैठे सुतहिं बुलावत कर तें।
भाइ बन्धु सब परम पियारे नारि निकारत घर तें।।
जैसे ससिमण्डल बिच स्याही छुटै न कोटि जतन तें।
'तुलसिदास' बलि जाउँ चरन तें लोभ पराये धन तें।।

(5)

ऐसी मूढ़ता या मन की।
परिहरि रामभक्ति सुरसरिता आस करत ओसकन की।।
धूम समूह निरखि चातक ज्यों तृषित जानि मति घन की।
नहिं तहँ सीतलता, न बारि, पुनि हानि होति लोचन की।।
ज्यों गच काँच बिलोकि सेन जड़ छाँह आपने तन की।

टूटत अति आतुर अहार बस छति बिसारि आनन की।।
कहँ लौं कहौं कुचाल कृपानिधि जानत हौ गति जन की।
तुलसिदास प्रभु ! हरहु दुसह दुख करहु लाज निज पन की।।

(ङ) कवितावली

(1)

अवधेस के द्वारे सकारे गई सुत गोद कै भूपति लै निकसे।
अवलोकिहौं सोच विमोचनको ठगि सी रही जे न ठगे धिक से।।
तुलसी मनरंजन रंजित अंजन नैन सुखंजन जातक से।
सजनी ससि में समसील उभै नवनील सरोरुह से बिकसे।।

(2)

तन की दुति स्याम सरोरुह लोचन कंज की मंजुलताई हरैं।
अति सुन्दर सोहत धूरि भरे छवि भूरि अनंग को दूरि धरैं।।
दमकें दँतियाँ दुति दामिन ज्यों किलकैं कल बाल विनोद करैं।
अवधेस के बालक चारि सदा तुलसी मन मन्दिर में बिहरैं।।

(3)

वर दंत की पंगति कुन्द कली अधराधर पल्लव बोलन की।
चपला चमकै घन बीच जुगै छवि मोतिन माल अमोलन की।।
घुघुरारि लटैं लटकैं मुख ऊपर कुंडल लोल कपोलन की।
नेवछावर प्रान करैं तुलसी बलि जाऊँ लला इन बोलन की।।

(4)

कीर के कागर ज्यों नृप चीर विभूषन उप्पम अंगनि पाई।
औघ तजी मग वास के रूप ज्यौं पंथ के साथ ज्यौं लोग लुगाई।।
संग सुबंधु पुनीत प्रिया मनो धर्म क्रिया धरि देह सोहाई।
राजिव लोचन राम चले तजि बाप को राज बटाउ की नाई।।

(5)

पुरते निकसी रघुवीर वधू धरि धीर दये मग में डग द्वै।
झलकी भरि भाल कनी जल की पटु सूखि गए मधुराधर वै।।
फिर बूझति हैं चलनोऽव कितो पिय पर्नकुटी करिहौ कित ह्वै।
तियकी लखि आतुरता पियकी अँखियाँ अति चारु चली जल च्वै।।

(6)

जल को गये लक्खन हैं लरिका परिखो पिय छाँह घरीक ह्वै ठाढ़े।
पोंछ पसेउ बयारि करौं अरु पाय पखारिहौं भूभुरि डाढ़े।।
तुलसी रघुवीर प्रिया स्रम जानि कै बैठि विलम्ब लौं कंटक काढ़े।
जानकी नाह को नेह लख्यो पुलको तन वारि विलोचन बाढ़े।।

(7)

सीस जटा उर बाहु विसाल विलोचन लाल तिरीछी सी भौहैं।
तून सरासन बान धरे तुलसी वन मारग में सुठि सोहैं।।
सादर बारहि वार सुभाय चितै तुम त्यों हमरो मन मोहैं।
पूँछति ग्रामवधू सिय सों कहो साँवरो सो सखि रावरो को हैं।।

(8)

खेती न किसान को भिखारी को न भीख बलि बनिक को बनिज न चाकर को चाकरी। जीविका विहीन लोग सिद्यमान सोचबस कहैं एक एकन सों कहाँ जाइ का करी। वेदहूँ पुरान कही लोकहूँ विलोकियत साँकरे समै के राम रावरे कृपा करी। दारिद दसानन दवाई दुनी दीन-बन्धु दुरित दहत देखि तुलसी हहा करी।।

4. मीरांबाई

कृष्ण के रंग में रंगी प्रेम दीवानी मीरां ऐकान्तिक समर्पण और उज्ज्वल प्रेम की प्रतीक बन गई हैं। उनका जीवनवृत्त भी इतिहास की धूल में छुपा है। अनुमानों और जनश्रुतियों के सहारे उनके जीवनवृत्त की जो रूपरेखा बनती है तथा भक्त कवियों की रचनाओं में उनके संबंध में जो सूचनाएँ मिली हैं उनसे स्पष्ट होता है कि मीरां के व्यक्तित्व में अद्‌भुत साहस, धैर्य एवं सहजता का समन्वय था। अपने आराध्य के प्रति उनका समर्पण इतना पूर्ण था कि विषपान भी उन्हें सहज लगता था। पारिवारिक विरोध, सामाजिक भर्त्सना एवं लोक-निंदा भी उनके तेजस्वी व्यक्तित्व को छू नहीं पाती। यही कारण है कि वे अपनी आत्मा की आवाज़ को, अपने हृदय के क्रंदन को, अपने मन के उल्लास को, अपनी भावनाओं के आवेग को, अपनी अनुभूतियों के प्रवाह को निर्बाध रूप में व्यक्त कर पायीं। मीरां एक ऐसी नारी का आदर्श प्रस्तुत करती है जो पारिवारिक रूढ़ियों और सामाजिक सीमाओं का उच्छेदन करते समय एक अद्‌भुत शक्तिशालिनी विद्रोहिणी का रूप धारण कर लेती है जबकि अपने सांवरिया के सम्मुख वह अत्यंत दीन एवं लज्जाशील है।

संभवतः मीरां का जन्म 1498 ई. में कुड़की गाँव में हुआ था। राठौड़ों की मेढतियां शाखा के प्रवर्तक राव दूदा की पोती तथा रत्न सिंह की बेटी मीरां का झुकाव बचपन में ही कृष्ण भक्ति की ओर हो गया था। राणा सांगा की पुत्रवधू और राजा भोज राज की दुल्हन बनकर वह चित्तौड़ पहुँचीं परंतु शीघ्र ही विधवा हो गईं। इसके चार वर्ष पश्चात् उनके पिता का भी देहांत हो गया। इन्हीं विपत्तियों ने मीरां की जीवन धारा को मोड़ दिया और बचपन से प्राप्त कृष्ण भक्ति के संस्कार प्रबल हो उठे। मीरां कृष्णमय हो गयीं। भगवद् भक्ति और साधु संगति में रहने के कारण पारिवारिक विरोध का सामना उन्होंने साहसपूर्वक किया। उनके देवर, भोजाई और ननदों ने उन्हें रोकने का प्रयास किया, लोकलाज और कुल मर्यादा की याद दिलाई परंतु कृष्ण प्रेम के तूफान में ये सांसारिक बंधन तिनकों की तरह बह गए।

मीरां की अनेक रचनाएँ मानी जाती हैं। 'नरसी, जी रो माहरों', 'गीत गोबिंद की टीका', 'मीरांबाई मलार', 'गर्वागीत' तथा 'स्फुट पद' आदि उनकी रचनाएँ हैं। मीरां के पदों को संभवतः उनकी मृत्यु के पश्चात् किसी ने संकलित किया होगा यही कारण है कि उनकी पदावली के अनेक रूप मिलते हैं और उनकी भाषा में भी पर्याप्त अन्तर है। मीरां सगुण की आराधिका थीं और कृष्णभक्त कवयित्रियों में उनका स्थान सर्वोपरि है। वल्लभ सम्प्रदाय के भक्तों ने मीरां को पुष्टिमार्ग में दीक्षित करने का प्रयास किया था परंतु वे असफल रहे। वियोगी हरि के अनुसार मीरां ने चैतन्य-सम्प्रदाय के प्रतिनिधि श्री जीव गोस्वामी से दीक्षा ली थी। मीरां की भक्ति माधुर्य भाव की थी जिससे इस बात की पुष्टि होती है कि चैतन्य सम्प्रदाय से मीरां का संबंध था भले ही इसका कोई पुष्ट प्रमाण नहीं है। मीरां की पदावली में गुरु के रूप में संत रैदास का स्मरण बार-बार श्रद्धापूर्वक किया गया है। शायद वे रैदास की शिष्या थीं अथवा उनसे प्रभावित थीं। लिखा भी है–

गुरु मिलिया रैदास जी, दीन्ही ग्यान की गुटकी।
चोट लगी निज नाम हरि की, म्हारे हिवड़े खटकी।।

मीरां की भक्ति पद्धति पर संतों की विरह वेदना का पर्याप्त प्रभाव पड़ा है। मीरां के काव्य में सगुण और निर्गुण का भेद तिरोहित हो गया है, खो गया है।

'पदावली' का भाव पक्ष अत्यंत पुष्ट है। कृष्ण के प्रति प्रणय-निवेदन पदावली का मुख्य विषय है। कांता भाव से माधुर्य भक्ति को अपनाने वाली मीरां भाव विभोर होकर गाती हैं–

मेरो तो गिरिधर गोपाल दूसरो न कोई
जाके सिर मोर मुकुट मेरो पति सोई।

मीरां की नज़रों में लौकिक संबंध और लौकिक पति का कोई महत्त्व नहीं है, वह स्पष्ट कहती हैं–

'मेरी उणकी प्रीत पुराणी, उण विनि पल न रहाऊं।'

तथा

'पूरव जनम की प्रीत हमारी अब नहीं जात निवारी।'

मीरां अपने कृष्ण कन्हैया के रूप पर मुग्ध हैं, उनका प्रणय निवेदन अत्यंत मार्मिक है। मीरां की पदावली गीति विरह वेदना मानो स्वतः ही गीतों के रूप में फूट पड़ी है। गीति काव्य में भावुकता, वैयक्तिकता, संगीतात्मकता, संक्षिप्तता एवं शैली की कोमलता का होना अवश्य है और ये गुण मीरां के गीतों में सहज ही आ गए हैं। मीरांबाई की कविता राजपूतानी या राजस्थानी मिश्रित हिंदी भाषा में है। गुजराती भाषा में भी मीरां ने कविता रची है।

मीरां अपने अन्तिम समय में द्वारिका में चली गई थीं वहीं रणछोड़ दास जी के मंदिर में उन्होंने शरीर त्याग दिया।

4. मीरांबाई

(1)

मन रे परसि हरि के चरन।
सुभग सीतल कमल कोमल, त्रिविध ज्वाला हरन।
जे चरन प्रहलाद परसे, इन्द्र पदवी धरन।।
जिन चरन ध्रुव अटल कीन्हों, राखि अपने सरन।
जिन चरन ब्रह्मांड भेंट्यो, नख सिखौ श्री भरन।।
जिन चरन प्रभु परसि लीने, तरी गौतम धरन।
जिन चरन कालीहि नाथ्यो, गोप लीला करन।।
जिन चरन धारयो गोवर्द्धन, गरब मघवा हरन।
'दास मीरा' लाल गिरिधर, अगम तारन तरन।।

(2)

माई मेरे नैनन बान परी री।
जा दिन नैना श्याम न देखों बिसरत नाहिं घरी री।।
चित बस गई साँवरी सूरत उर तें नाहिं टरी री।
'मीरा' हरि के हाथ बिकानी सरबस दे निबड़ी री।।

(3)

पग घुँघरू बाँध मीरा नाची रे।
लोग कहैं मीराँ हो गई बावरि, सास कहे कुलनासी रे।

जहर का प्याला राणा भेज्या, पीवत मीराँ हासी रे।।
मैं तो अपने नारायण की, हो गई आपहि दासी रे।
'मीरां' के प्रभु गिरधर नागर, बेगि मिलो अविनासी रे।।

(4)

मीरा मगन भई हरि के गुण गाय।
साँप पिटारा राणा भेज्या मीरा हाथ दियो जाय।
न्हाय धोय जब देखण लागी सालिगराम गई पाय।।
जहर का प्याला राणा भेज्या अमृत दीन्ह बनाय।
न्हाय धोय जब पीवण लागी हो अमर अँचाय।।
सूल सेज राणा ने भेजी दीज्यो मीरा सुलाय।
साँझ भई मीरा सोवण लागी मानो फूल बिछाय।।
'मीरां' के प्रभु सदा सहाई राखै विघन हटाय।
भजन भाव में मस्त डोलती गिरधर पै बलि जाय।।

(5)

म्हांरां री गिरधर गोपाल दूसरा णां कूयां।
दूसरां णां कोयां साधां सकल लोक जूयां।
भाया छांड्या बंधां छाड्यां सगां सूयां।
साधां संग बेठ बेठ लोक लाज खूयां।
भगत देख्यां राजी ह्ययां जगत देख्यां रूयां।
असवां जल सींच सींच प्रेम बेल बूयां।
दध मथ घृत काढ लयां डार दयां छूयां।
राणा विष रो प्याला भेज्यां पीय मगण हूयां।
अब त बात फेल पड़्या जाण्यां सब कूयां।
मीरां री लगण लग्यां होणा हो जो हूयां।

(6)

भज मण चरण कंवल अवणासी।
जेतांई दीसां धरण गगण मां तेताईं उट्ठ जासी।
तीरथ बरतां ग्याण कथन्तां कहा लयां करवत कासी।

यो देही रो गरब णा करणा माटी मा मिल जासी।
यो संसार चहर रां बाजी सांझ पड्या उठ जासी।
कहा भयां था भगवा पहर्‌यां घर तज लयां सण्यासी।
जोगी होयां जुगत णा जाणां उलट जनम रां फांसी।
अरज करां अबला कर जोड़या स्याम तुम्हारी दासी।
मीरां रे प्रभु गिरधर नागर काट्यां म्हांरी गांसी।

(7)

करम गत टारे नाहिं टरे।
सतवादी हरिचंद से राजा, सो तो नीच घर नीर भरे।
पाँच पाँडु अरु सती द्रोपदी, हाड हिमाले गरे।
जग्य कियो बलि लेण इन्द्रासन, सो पाताल धरै।
'मीरां' के प्रभु गिरिधर नागर, बिस से अम्रित करै।।

(8)

दरस बिन दूखण लागै नैन।
जब के तुम बिछुरे प्रभु मोरे कबहुँ न पायो चैन।
सबद सुनत मेरी छतियाँ काँपैं मीठे मीठे बैन।
बिरह कथा कासूँ कहूँ सजनी, यह गई करवट अैन।

(9)

बसो मोरे नैनन में नँदलाल।
मोहनि मूरति, साँवरी सूरति, नैना वने बिसाल।।
मोर मुकुट, मकराकृत कुंडल, अरुण तिलक दिये भाल।
अधर सुधारस मुरली राजति, उर बैजंती माल।।
छुद्र घंटिका कटि तट सोभित, नुपूर सबद रसाल।
'मीरां' प्रभु सन्तन सुखदाई, भगत बछल गोपाल।।

(10)

हे री मैं तो दरद दिवानी, मेरो दरद न जाणै कोइ।
घायल की गति घायल जाणै, की जिन लाई होइ।

जौहरि की गति जौहरि जाणै, की जिन जौहर होइ।
सूली ऊपर सेज पिया की, किस विधि मिलना होइ।
दरद की मारी वन वन डोलूँ, वैद मिल्या नहिं कोइ।
'मीरां' की प्रभु पीर मिटेगी, जब वैद साँवलिया होइ।

(11)

आली रे मेरे नैणां बाण पड़ी।
चित्त चढ़ी मेरे माधुरी मूरत, उर विच आन अड़ी।
कब की ठाढ़ी पन्थ निहारूँ, अपने भवन खड़ी।
कैसे प्राण पिया बिन राखूँ जीवन मूरि जड़ी।
मीराँ गिरिधर हाथ बिकानी, लोग कहैं बिगड़ी।

(12)

यहि विधि भक्ति कैसे होय।
मन की मैल हिय तें न छूटी, दियो तिलक सिर धोय।
काम कूकर लोभ डोरी, बाँधि मोहि चंडाल।
क्रोध कसाई रहत घट में, कैसे मिले गोपाल।
बिलार विषया लालची रे, ताहि भोजन देत।
दीन हीन है छुधा रत से, राम नाम न लेत।
आप ही आप पुजाय के रे, फूले अंग न समात।
अभिमान टीला किये बहु कहु, जल कहाँ ठहरात।
जो तेरे हिय अन्तर की जानै, तासों कपट न बनै।
हिरदे हरि को नाम न आवै, मुख ते मनिया गनै।
हरि हितु से हेत कर, संसार आसा त्याग।
दास मीराँ लाल गिरधर, सहज कर वैराग।।

(13)

अच्छे मीठे चाख चाख, बेर लाई भीलणी।
ऐसी कहा अचारवती, रूप नहीं एक रती,
नीच कुल ओछी जात, अति हि कुचीलणी।
जूठे फल लीन्हें राम, प्रेम की प्रतीत जाण,

ऊँच नीच जाने नहीं, रस की रसीलणी।
ऐसी कहा वेद पढ़ी, छिन में विमान चढ़ी।
हरि जी सों बांध्यो हेत, दास मीराँ तरै जोइ।
पतित-पावन प्रभु, गोकुल अहीरणी।।

(14)

मेरे तो गिरधर गोपाल, दूसरौ न कोई।
जाके सिर मोर मुकट, मेरे पति सोई।
छाँडि दई कुल की कानि, कहा करिहै कोई।
संतन ढिग बैठि बैठि, लोक लाज खोई।
अँसुवन जल सींचि सींचि, प्रेम बेलि बोई।
अब तो बेल फैल गई, आनंद फल होई।

(15)

बरजी मैं काहू की नाहिं रहूं।। टेक।।
सुनौ री सखी तुम चेतन होइके, मन की बात कहूं।
साध संगति करि हरि सुख लीजे, जगसू दूरि रहूं।
तन धन मेरे सब ही जावो, भलि मेरी सीस दहूं।
मन मेरो लागी सुमिरण सेती, सब का बोल सहूं।
मीरां के प्रभु हरि अविनासी, सतगुरु सरण गहूं।।

(16)

कोई कहियौ रे प्रभु आवन की।
आवन की मनभावन की, कोई. ।। टेक।।
आप न आवै लिख नहिं भेजै, बांण पड़ी ललचावन की।
ए दोइ नैण कहयौं नहिं मानै, नदिया बहै जैसे सावन की।
कहा करूं कछु नहिं बस मेरो, पांख नहीं उड़ जावन की।
मीरां कहे प्रभु कबरै मिलोगे, चेरी भइ हूं तेरे दावन की।।

(17)

म्हारी सुध ज्यूं जानो त्यूं लीजो जी।
पल-पल भीतर पंथ निहारूं।
दरसण म्हाने दीजो जी।
मैं तो हूं बहु औगुणहारी।
औगुण चित मत दीजो जी।
मैं तो दासी थारे चरण जनां की।
मिल-बिछुरन मत कीजो जी।
'मीरा' तो सतगुरु जी सरणे।
हरि चरणां चित दीजो जी।।

(18)

घड़ी एक नहिं आवड़े, तुम दरसन बिन मोय।
तुम हो मोरे प्राण जी, कासूं जीवन होय।
ध्यान न भावे नींद न आवे, बिरह सतावे मोय।
घायल सी घूमत फिरूं रे, मेरा दरद न जाणे कोय।
दिवस तो खाय गमाइयों रे, रैण गमाई सोय।
प्राण गमायो झूरतां रे, नैन गमाई रोय।

(19)

मेरो तो मन रामचरण सुखदाई।
जिन चरणन सों निकसी सुरसरी शंकरजटा समाई।
जटा शंकरी नाम धर्‌यो है त्रिभुवन तारन आई।
जिन चरणन की विमल पादुका, भरत रहे लव लाई।
जो केवट कहं पावन कीन्हों, जब प्रभु नाव चढ़ाई।
दंडक बन राम पावन कीन्हों, मुनियन दुःख मिटाई।
जो ठाकुर तिंहु लोक को स्वामी, कपट कुरंग संग धाई।
कपि सुग्रीव बंधु भय व्याकुल, जा सिर छत्र धराई।
रिपु को अनुज विभीषण भेट्यो, मीरा की बारी आई।।

(20)

मैं गोविंद गुण गाणा।
राजा रूठे नगरी राखै, हरि रूठ्यां कहं जाणा।
राणैं भेज्या जहर पियाला, इमिरत करि पी जाणा।
डबिया में भेज्या जुभजंगम, सालिगराम करि जाणा।
मीरां तो अब प्रेम दिवांणी, सांवलिया वर पाणा।।

(21)

देखो सैयां, हरि मन काठ कियो।
आवन कहि गयो, अजहुं न आयो करि बचन गयो।
खान-पान, सुधबुध सब बिसरी, कैसे करि मैं जियो।
बचन तुम्हारे तुमहि बिसारे मन मेरा हर लियो।
मीरा के प्रभु गिरिधर नागर तुम बिनु फाटत हियो।।

(22)

प्यारे दरसण दीज्यो आय तुम बिन रह्यो न जाय।
जल बिन कंवल चंद बिन रजनी, ऐसे तुम देख्यां बिन सजनी।
आकुल व्याकुल फिरूं रैण दिन, बिरह कलेजो खाय।
दिवस न भूख नींद नहिं रैण, मुख सूं कथत न आवे बैण।
कहा कहूं कुछ कहत न आवै, मिल कर तपत बुझाय।
क्यूं तरसावो अन्तरजामी, आइ मिलो किरपा कर स्वामी।
'मीरा' दासी जनम-जनम की, परी तुम्हारे पाय।।

(23)

भज ले रे मन गोपाल गुणा।
अधम तरे अधिकार भजन सूं जो आये हरि की सरणा।
अविश्वास तो साखि बताऊं, अजामिल गणिका सदना।
जो कृपाल तन मन धन दीन्हों, नैन नासिका मुख रसना।
जाको रचत मास दस लागे ताहि न सिमरो एक छिना।
बालपन सब खेल गंवायो तरुन भयो जब रूप घना।
वृद्ध भयो तब आलस उपज्यो माया मोह भयो मगना।

गज अरु गीधहु तरे भजनसूं, कोउ तर्‍यो नहिं भजन बिना।
धन्ना भगत पीपा पुनि सबरी मीरा की हू करो गनना।।

(24)

राम नाम रस पीजे, मनुआं राम नाम रस पीजे।
तज कुसंग सतसंग बैठि नित, हरि चर्चा सुण लीजे।
काम क्रोध मद लोभ मोह कूं, चित्त से बहाय दीजे।
'मीरा' के प्रभु गिरिधर नागर, ताहि के रंग में भीजे।

(25)

पायो जी मैंने राम-रतन धन पायो।
वस्तु अमोलक दी मेरे सतगुर, करि किरपा अपणायौ।
जनम जनम की पूंजी पाई जग में सबै खोवायौ।
खरचै नहिं कोई चोर ना लेवै दिन दिन बढ़त सवायौ।
सत की नाव, खेवटिया सतगुर, भवसागर तरि आयौ।
मीरां के प्रभु गिरिधर नागर, हरखि हरखि जस गायौ।

5. बिहारी लाल

रीतिकाल की रीतिसिद्ध काव्यधारा के प्रतिनिधि कवि बिहारी लाल का जीवनवृत्त डॉ. ग्रियर्सन, जगन्नाथ दास रत्नाकर, मिश्रबंधु, अम्बिका दत्त व्यास, राधाचरण गोस्वामी आदि विद्वानों ने अंतःसाक्ष्य एवं बाह्यसाक्ष्य पर खोजने का प्रयास किया है। एक दोहे में बिहारी ने लिखा–

जनमु ग्वालियर जानियै खण्ड बुल्देलै जान।
तरुनाई आई सुघर, बसि मथुरा ससुराल।।

अर्थात् बिहारी का जन्म बुंदेलखण्ड के ग्वालियर शहर में हुआ तथा यौवन में विवाहोपरान्त वे अपने ससुराल में रहने लगे। एक अन्य दोहे में अपनी जन्म तिथि का संकेत कूट शैली में किया है, यथा–

संवतु जुग सर रस सहित भूमि रीति गिनि लीन।
कातिक सुदि बुध अष्टमी, जन्म हमें विधि दीन।।

अर्थात् जुग-दो, सर-पांच (कामदेव के) सहित-छह भूमि-एक इस प्रकार 2561 की संख्या आती है जिसे यदि उल्टा कर दिया जाए तो 1652 बनता है जो बिहारी का जन्म संवत् है। अपने वंश के विषय में बिहारी ने लिखा है–

प्रगट भये द्विजराज कुल, सुबस बसे ब्रज आइ।
मैरौ हरौ कलैसु सबु, केसो केसौ राइ।।

इससे स्पष्ट होता है कि वे स्वयं ब्रज में आकर बस गए थे तथा केशव उनके गुरु तथा केशवराय उनके पिता थे। बिहारी का जन्म माथुर वंश में हुआ वे माथुर चौबे थे। उनका बचपन बुन्देलखण्ड में बीता और वे ओरछा नरेश के यहाँ भी रहे। ओरछा नरेश की मृत्यु के पश्चात् वे वृंदावन आकर रहने लगे थे। संवत् 1675 में शाहजहाँ ने उन्हें अपना दरबारी कवि बनाया था। अनेक राजाओं के यहाँ से उन्हें वृत्ति मिलती थी। चित्तौड़ के राजा जयसिंह को कर्तव्य बोध करवाने के लिए उन्होंने दो दोहे लिखे थे, ऐसा लोक प्रसिद्ध है।

बिहारी की एकमात्र रचना बिहारी सतसई उपलब्ध है जिसमें 719 दोहे हैं। यह मूलतः शृंगारिक रचना है परंतु भक्ति और नीति के दोहे भी इसमें संकलित हैं। केवल एक रचना के बल पर विश्व साहित्य में अपना नाम दर्ज करवाने वाले कवि बिहारी की यह रचना दोहे जैसे छोटे छंद में गम्भीर अर्थ भरने के लिए प्रसिद्ध है। बिहारी सतसई पर भर्तृहरि और हाल की सतसइयों के साथ-साथ अमरूक शतक का विशेष प्रभाव है।

बिहारी सतसई के दोहे कल्पना और बिम्बात्मकता के माध्यम से पूर्ण प्रसंगों का सृजन करते हैं। सतसई का पहला दोहा कल्पना की समाहार शक्ति का सुंदर उदाहरण है—

मेरी भव बाधा हरौ, राधा नागरि सोइ।
जा तन की झांईं परै, स्यामु हरित दुति होइ।।

सतसई के दोहों में भाषा की समास शक्ति के दर्शन होते हैं। शब्द चयन इतना सटीक एवं सारगर्भित है कि एक भी शब्द अपने स्थान से हटाया नहीं जा सकता, यथा—

बतरस लालच लाल की मुरली धरी लुकाय।
सौंह करै, भौंहनि हंसे दैन कहे, नटि जाय।।

कम से कम शब्दों में राधा और कृष्ण की छेड़छाड़ और हास-परिहास का पूरा प्रसंग उभर आता है।

बिहारी के दोहे श्रेष्ठ मुक्त-काव्य का उदाहरण प्रस्तुत करते हैं क्योंकि प्रत्येक दोहा एक स्वतंत्र प्रसंग, स्वतंत्र भाव या विचार को प्रकट करता है। उनके द्वारा रचे गए नीति के दोहे भी शुष्क तथ्य कथन नहीं हैं। राजा जयसिंह को लिखा यह दोहा उपदेशात्मक होकर भी काव्यात्मक है क्योंकि इसमें प्रकृति-चित्रण का सहारा लेकर सांकेतिक रूप में बात कही गई है—

नहिं पराग, नहिं मधुर मधु, नहिं बसन्त इह काल।
अलि कलि ही सों बैधयौ, आगे कौन हवाल।।

बिहारी की सूक्तियों में वचन की वक्रता सर्वत्र है।

बिहारी ने अपने समकालीनों की तरह शब्द खिलवाड़ प्रायः नहीं किया है। रीति को सिद्ध कर लेने वाले इस महाकवि की भाषा में दुरूहता, ग्रामयत्व अथवा अश्लीलता का दोष नहीं है। शुक्लजी के शब्दों में कहें तो बिहारी के दोहे रस की छीटें हैं। बिहारी सतसई में साम्य तथा वैषम्य-मूलक अलंकारों की भरमार है। शब्दालंकार भी पर्याप्त है परंतु अनुप्रास के चक्कर में उन्होंने अर्थ को खोया नहीं है। रूप वर्णन, प्रेम व्यापार वर्णन, नायिका भेद, हाव-भाव, अनुमान वर्णन, मिलन तथा विरह वर्णन में कवि को सफलता मिली है। कुछ ऊहात्मक चित्र भी आए हैं जिनसे बिहारी की नायिका परिहास की पात्र बनी है। ये ऊहात्मक वर्णन दरबारी

और फारसी प्रभाव के परिणाम हैं। उसांसों के साथ घड़ी के पैंडुलम की तरह दाएँ-बाएँ उड़ने वाली नायिका करुणा की नहीं, उपहास की पात्र बन जाती है। छोटी-मोटी कमियों को यदि छोड़ दें तो बिहारी की सतसई मुक्तक काव्य का आदर्श प्रस्तुत करती है, इसीलिए कहा है–

सतसइया के दोहरे, ज्यों नाविक के तीर।
देखन में छोटे लगैं, घाव करें गम्भीर।।

5. बिहारी लाल

भक्ति भावना

मेरी भव-बाधा हरौ, राधा नागरि सोइ।
जा तन की झाँईं परै स्यामु हरित-दुति होइ।। 1।।

जपमाला, छापै, तिलकु, सरै न एकौ कामु।
मन काँचै नाचै वृथा, साँचै राँचै रामु।। 2।।

भजन कह्यो, तातें भज्यों, भज्यो न एकौ बार।
दूरि भजन जातैं कह्यो, सो तैं भज्यौं गँवार।। 3।।

कब को टैरत दीन ह्वै, होत न स्याम सहाइ।
तुमहूं लागी जगत गुरु, जग नाइक जग बाइ।। 4।।

बन्धु भए का दीन के, को तारयो रघुराइ।
तूठे तूठे फिरत हौ, झूठे विरद कहाइ।। 5।।

नीकी दई अनाकनी, फीकी परी गुहारि।
तज्यौ मनौं तारन-बिरदु, बारक बारनु तारि।। 6।।

कीनैं हूं कोरिक जतन अब कहि काढै कौनु।
भो मन मोहन-रूपु मिलि पानी मैं कौ लौनु।। 7।।

अजौं तरयौना हीं रहयौ श्रुति सेवत इक-रंग।
नाक-बास बेसरि लहयौ बसि मुकुतनु कै संग।। 8।।

दीरघ सांस न लेहि दुख, सुख साईं हिं न भूलि।।
दई दई क्यौं करतु है दई दई सु कबूलि।। 9।।

कोऊ कोरिक संग्रहौ, कोऊ लाख हजार।
मो संपति जदुपति सदा बिपति-बिदारनहार।। 10।।

तंत्री-नाद, कबित-रस, सरस राग, रति-रंग।
अनबूड़े बूड़े तरे जे बूड़े सब अंग।। 11।।

या अनुरागी चित्त की गति समुझै नहिं कोइ।
ज्यौं ज्यौं बूडै स्याम रंग, त्यौं त्यौं उज्जलु होइ।। 12।।

कैसें छोट नरनु तैं सरत बड़नु के काम।
मदयौ दमामौ जातु क्यौं, कहि चूहे कै चाम।। 13।।

जपमाला छापैं तिलक सरै न एकौ कामु।
मन-कांचै नाचै वृथा, सांचै रांचै रामु।। 14।।

घरु घरु डोलत दीन हवै, जनु जनु जाचतु जाइ।
दियौं लोभ-चसमा चखनु लघु पुनि बड़ौ लखाइ।। 15।।

बड़े न हूजै गुननु बिनु बिरद-बड़ाई पाइ।
कहत धतूरे सौं कनकु, गहनौ गढ़यौ न जाइ।। 16।।

कनक कनक तै सौगुनी मादकता अधिकाइ।
उहिं खाएं बौराइ, इहिं पाए हीं बौराइ।। 17।।

संगति सुमति न पावहीं परे कुमति कैं धंध।
राखौ मेलि कपूर मैं, हींग न होइ सुगंध।। 18।।

गिरि तें ऊंचे रसिक-मन बूड़े जहां हजारु।
वहै सदा पसु-नरनु कौं प्रेम-पयोधि पगारु।। 19।।

जिन दिन देखे वे कुसुम गई सु बीति बहार।
अब, अति रही गुलाब मैं अपत, कंटीली डार।। 20।।

स्वारथु, सुकृतु न, श्रमु बृथा, देखि, बिहंग, बिचारि।
बाज, पराए पानि परि तुं पच्छीनु न मारि।। 21।।

नर की अरु नल-नीर की गति एक करि जोइ।
जेतौ नीची ह्वै चलै, तेतौ ऊंचौ होइ।। 22।।

बढत बढत संपति-सलिलु मन-सरोज बढि जाइ।
घटत घटत सुन फिरि घटै, बरु समूल कुम्हिलाइ।। 23।।

कोरि जतन कोऊ करौ परै न प्रकृतिहिं बीचु।
नल-बल जल ऊंचे चढै, अंत नीच कौ नीचु।। 24।।

यह बरिया नहिं और की तूं करिया यह सोधि।
पाहन-नाव चढ़ाइ जिहिं कीने पार पयोधि।। 25।।

क्यौं बसियै, क्यौं निबहियै, नीति नेह-पुर नांहि।
लगालगी लोइन करैं, नाहक मन बंधि जांहि।।26।।

अति अगाधु अति औथरो नदी, कूपु सरू बाइ।
सो ताकौ सागरू, जहां जाकी प्यास बुझाइ।। 27।।

को कहि सकै बड़ेनु सौ लखैं बड़ीयौ भूल।
दीने दई गुलाब की इन डारनु वे फूल।। 28।।

समै समै सुन्दर सबै, रूपु कुरूपु न कोइ।
मन की रुचि जेती जितै, तित तेती रुचि होइ।। 29।।

दिन दस आदरु पाइ कै करि लै आपु बखानु।
जै लगि काग सराधपखु, तौ लाग तौ सनमानु।। 30।।

मरतु प्यास पिंजरा-परयौ सुआ समै कैं फेर।
आदरु दै दै बोलियतु बाइसु बलि की बेर।। 31।।

इहीं आस अटक्यौ रहतु अलि गुलाब कैं मूल।
ह्वैहैं फेरि बसंत ऋतु इन डारनु वे फूल।। 32।।

वे न इहां नागर, बढ़ी जिन आदर तो आब।
फूल्यौ अनफूल्यौ भयौ गवंई-गांव, गुलाब।। 33।।

नहिं पावसु, ऋतुराजु यह, तजि, तरवार, चित-भूल।
अपतु भरें बिनु पाइहैं क्यौं नव दल, फल, फूल।। 34।।

कर लै सूंघि सराहि हूं रहे सबै गहि मौनु।
गंधी अंध, गुलाब कौ गवई गाहकु कौनु।। 35।।

बुरौ बुराई जौ तजै, तौ चितु खरौ डरातु।
ज्यौं निकलंकु मयंकु लखि गनैं लोग उतपातु।। 36।।

पटु पांखै, भखु कांकरै, सपर परेई संग।
सुखी, परेवा, पुहुमि मैं एकै तुंहीं, बिहंग।। 37।।

चटक न छाड़तुं घटत हूं सज्जन-नेहु गंभीरु।
फीकौ परै न, बरू फटै, रंग्यौ चोल-रंग चीरु।। 38।।

को छूटयौ इहि जाल परि, कल कुरंग अकुलात।
ज्यौं ज्यौं सुरझि भज्यौ चहत, त्यौं त्यौं उरझत जात।। 39।।

चिरजीवौ जोरी जुरै क्यौं न सनेह गंभीर।
को घटि ए वृषभानुजा, वे हलधर के बीर।। 40।।

शृंगार

कहत नटत, रीझत, खिजत, मिलत, खिलत लजियात।
भरे भौन मैं करत है नैननु हीं सब बात।।41।।

नहिं परागु नहिं मधुर मधु नहिं विकासु इहिं काल।
अली, कली ही सौं बंध्यौ, आगैं कौन हवाल।।42।।

कागद पर लिखत न बनत, कहत संदेसु लजात।
कहिहै सबु तेरौ हियौ मेरे हिय की बात।।43।।

पत्रा हीं तिथि पाइयै वा घर कै चहुं पास।
नितप्रति पुन्यौई रहै आनन-ओप-उजास।।44।।

उन हरकी हंसी के इतै इन सौंपि मुसकाई।
नैन मिलै मन मिलि गए दोऊ, मिलवत गाई।।45।।

करी बिरह ऐसी, तऊ गैल नै छाड़तु नीचु।
दीनैं हूं चमसा चखनु चाहै लहै न मीचु।।46।।

अजौं न आए सहज रंग बिरह-दूबरै गात।
अब हीं कहा चलाइयति, ललन, चलन की बात।।47।।

औंधाई सीसी, सु लखि बिरह-बरनि बिललात।
बिच हीं सूखि गुलाबु गौ, छीटौ हुई न गात।।48।।

कन दैबौ सौंपयौ ससुर बहू थुरहथी जानि।
रूप-रहचटैं लगि लग्यौ मांगन सबु जगु आनि।।49।।

भूषन-भारु संभारिहै क्यौं इहिं तन सुकुमार।
सूधे पाइ न परै सोभा हींकैं भार।।50।।

भाग-ख

6. पद्माकर

पद्माकर का जन्म सन् 1753 में तथा मृत्यु 1833 में हुई। इनके पिता का नाम पं. मोहनलाल भट्ट था। पद्माकर को रीतिकाल का अन्तिम महाकवि स्वीकार किया जाता है मानो बुझने से पहले रीतिकाल का दीपक इनकी कविता के रूप में एकाएक प्रज्वलित हो उठा हो। लोकप्रियता की दृष्टि से पद्माकर भले ही बिहारी के बाद आते हों परंतु रमणीय शृंगार काव्य के सृजन की दृष्टि से इनका काव्य प्रथम श्रेणी का अधिकारी है। उत्कृष्ट कविता के लिए दूर-दूर तक प्रसिद्ध पद्माकर विभिन्न राजदरबारों में आश्रय पाने में सफल हुए। इनके प्रमुख आश्रयदाता जयपुर नरेश महाराजा जगत सिंह थे। अपना 'जगद्विनोद' नामक ग्रंथ कवि ने इन्हीं को समर्पित किया है। सितारा के महाराज रघुनाथ राव ने भी इन्हें एक लाख रुपया और दस गाँव देकर सम्मानित किया था। अवध के सेनापति हिम्मत बहादुर से भी इनकी मैत्री थी। 'हिम्मत बहादुर विरुदावली' का सृजन इन्हीं के लिए किया और पुस्कार प्राप्त किया। जीवन का अधिकांश समय जयपुर में बिताया और अन्तिम दिनों में कानपुर के पास गंगा तट पर रहना प्रारम्भ कर दिया था। यहीं इनकी मृत्यु हुई।

पद्माकर रचित सात ग्रंथ उपलब्ध हैं—(1) जगद्विनोद (2) गंगा लहरी (3) हिम्मत बहादुर विरुदावली (4) पद्मार्णव (5) आलीजाह शाह प्रकाश (6) भाषा हितोपदेश (7) प्रबोध पचासा।

पद्माकर की कविता का मुख्य विषय शृंगार ही है। इन्होंने मुख्यतः शृंगार रस, नायिका-भेद, वीर रस एवं वैराग्य आदि विभिन्न विषयों का निरूपण पूरी सफलता से किया। सौन्दर्य-चित्रण एवं विभिन्न सांस्कृतिक समारोहों—विशेषतः होली वर्णन में उनका मन अधिक रमा है। इनकी शैली भी सरल, सुबोध एवं लोक-प्रिय मानी जाती है। प्रकृति चित्रण में भी कवि ने अद्भुत कौशल दिखलाया है। बसंत के विकास का चित्रण करते हुए कवि लिखता है—

कूलन में केलि में कछारन में कुंजन में,
क्यारिन में कलित कलान किलकंत है।
×   ×   ×
बीथिन में व्रज में नवेलिन में बेलनि में,
बनन में बागन में बगर्‌यो बसंत है।

'हिम्मत बहादुर विरुदावली' में वीररस के सुन्दर छन्द लिखे हैं।

भावानुकूल भाषा के प्रयोग में कवि सिद्धहस्त है। अनुप्रासों के प्रयोग से उन्होंने कविता को सँवारा है प्ररन्तु कहीं-कहीं तुकों के मोह में उन्होंने भाव-पक्ष को भुला सा दिया है। अनुप्रासाधिक्य के कारण भावाभिव्यक्ति में व्यवधान पड़ा है।

6. पद्‌माकर

(1)

जम को न जोर जब पापिन पै चल्यो तब,
हाथ जौरि गंगा जु सों चुगली करैं खरे।
बड़ेन पै ढरौ पै ना ढरो देखि तुच्छन पै,
कहै 'पद्‌माकर' सुनावत हरे हरे।
बड़ेन पै ढरे बड़ी पाइये बड़ाई देखो,
ईस पै ढरीं तो तुम्हें ईस सीस पै ढरें।
तुच्छन को देती जैसो नारायन रूप तैसौ,
तुच्छ तुम्हें तुच्छ करि पापन तरे धरे।।1।।

(2)

जोग जप संध्या साधु साधन सबैई तजे।
कीन्हें अपराध ते अगाध मन भावते।
तेते तजि औगुन अनंत 'पद्‌माकर' तौं,
कौन गुन लै कै महाराजहि रिझावते।
जैसे अब तैसे पै तिहारे बड़े काम के हैं,
नाहीं तौ न एते बैन कबहू सुनावते।
पावते न मो-सो जो पै अधम कहूँ तो राम,
कैसे तुम अधम-उधारन कहावते।।2।।

(3)

है थिर मंदिर में न रह्यो।
गिरि कंदर में न तप्यो तप जाई।
राज रिझाये न कै कविता,
रघुराज कथा न यथामति गाई।
यों पछितात कछू 'पद्माकर'
का सौं कहौं निज मूरखताई।
स्वारथ हू न कियो परमारथ,
यों ही अकारथ बैस बिताई।।3।।

(4)

पात बिन कीन्हैं ऐसी भाँति गन बेलिन के,
परत न चीन्हें जे ये लरजत कुंज हैं।
कहै 'पद्माकर' बिसासी या बसंत के सु,
ऐसे उतपात गात गोपिन के भुज हैं।
ऊधो यह सूधो सो संदेसो कहि दीजौ भलौ,
हरि सौं हमारे हयाँ न फूले बन-कुंज हैं।
किंसुक गुलाब कचनार औ अनारन की,
डारन पै डोलत अंगारन के पुंज हैं।।4।।

(5)

बरसत मेह नेह सरसत अंग अंग,
झरसत देह जैसे जरत जवासौ है।
कहै 'पद्माकर' कलिन्दी के कदंबन पै,
मधुपनि कीन्हों आइ महत मवासौ है।
ऊधो यह ऊधम जताइ दीजौ मोहन कों,
ब्रज कौ सुवासौ भयौ अगिन अवासौ है।
पातकी पपीहा जलपान को न प्यासौ,
काहू बीथित बियोगिन के प्रानन कौ प्यासौ है।।5।।

(6)

गोकुल में गोपिन गोविंद संग खेलीं फाग,
राति भरि प्रात समै ऐसी छबि छलकै।
देहैं भरी आलस कपोल रस रोरी भरे,
नींद भरे नयन कछूक झपै झलकै।
लाली भरे अधर बहाली भरे मुखबर,
कवि 'पद्माकर' बिलोकै को न ललकै।
भाग भरे लाल औ सुहाग भरे सब अंग,
पीक भरीं पलकें अबीर भरी अलकैं।।6।।

(7)

एकै संग धाये नंदलाल औ गुलाल दोऊ,
दृगनि गये जु भरि आनंद मड़ै नहीं।
धोइ धोइ हारी 'पद्माकर' तिहारी सौंह,
अब तौ उपाय एकौ चित्त पै चढ़ैं नहीं।
कैसी करौं, कहाँ जाउँ, कासों कहौं, कौन सुनै,
कोऊ तो निकासौ जासों दरद बढ़ैं नहीं।
ए री मेरे बीर जैसे तैसे इन आँखिन तें,
कढ़िगो अबीर पै अहीरको कढै नहीं।।7।।

(8)

दूरि ही ते देखत बिथा मैं वा वियोगिनि की,
आई भले भाजि ह्याँ इलाज मढ़ि आवैगी।
कहै 'पद्माकर' सुनो हो घनश्याम जाहि,
चेतन कहूँ जो एक आहि कढ़ि आवैगी।
सर सरितान को न सूखत लगैगी देर,
एती कछू जुलमिनि ज्वाला बढ़ि आवैगी।
ताके तन ताप की कहौं मैं कहा बात,
मेरे गातहि छुवौ तौ तुम्हैं ताप चढ़ि आवैगी।।8।।

(9)

सिंधु के सपूत सिंधु तनया के बंधु,
मंदिर अमंद सुभ सुंदर सुधाई के।
कहै 'पद्माकर' गिरीस के बसेहौं सीस,
तारन के ईस कुल-कारन कन्हाई के।
हाल ही के बिरह विचारी ब्रजवाल ही पै,
ज्वाल से जगावत जुवाल सी जुन्हाई के।
एरे मतिमंद चंद आवत न तोहिं लाज,
है कै द्विजराज काज करत कसाई के।।9।।

(10)

आई संग आलिन के ननद पठाई नीठि,
सोहत सोहाई सीस इंगुर सुपट की।
कहै 'पद्माकर' गंभीर जमुना के तीर,
लागी घट भरन नवेली नेह अटकी।
ताही समै मोहन सु बाँसुरी बजाई,
मधुर मलार गाई और बंसीबट की।
तान रही लट की रही न सुधि घूँघट की,
घाट की न औघट की न बाट की न घट की।।10।।

(11)

चितै चितै चारों ओर चौंकि चौंकि परै त्यौंही,
जहाँ तहाँ जब तब खटकट पात है।
भाजन सो चाहत गँवार ग्वालिनी के कछू,
डरनिडराने से उठाने रोमगात है।
कहै 'पद्माकर' सु देखि दसा मोहन की,
सेसहु महेसहु सुरेसहु सिहात है।
एक पाय भीत एक पाय मीत काँधे धरे,
एक हाथ छीकौं एक हाथ दधि खात है।।11।।

(12)

घर ना सुहात ना सुहात बन बाहर हू,
बाग ना सुहात जे खुसाल खुसबोही सों।
कहैं 'पद्‌माकर' घनेरे घन घाम त्यों हीं,
चंद ना सुहात चाँदनी हूं जोग जोही सों।
साँझ ना सुहात ना सुहात दिन माँझ कछू,
व्यापी यह बात सो बखानत हौं तोही सों।
राति ना सुहात ना सुहात परभात आली,
जब मन लागि जात काहू निरमोही सों।।12।।

वीर-रस

(13)

वारि टारिं डारौं कुंभकर्नहि बिदारि डारौं,
मारौं मेघनादै आजु यों बल अनंत हों।
कहै 'पद्‌माकर' त्रिकूटही कौ ढाहि डारौं,
डरत करेई यातुधानन को अन्त हौं।
अच्छहिं निरच्छ कपि रुच्छ है उचारै इमि,
तोसे तिच्छ तुच्छन को कछुवै न गनत हौं।
जारि डारौं लंकहि उजारि डारौं उपवन,
फारि डारौं रावन को तो मैं हनुमंत हौं।।13।।

(14)

सम्पत्ति सुमेर की कुबेर की जु पावै ताहि,
तुरत लुटावत विलंब उर धारै ना।
कहै 'पद्‌माकर' सुहेम हय हाथिन के,
हलके हजारन के बिरति बिचारै ना।
गज गज बकस महीप रघुनाथ राव,
याहि गज धोखे कहूं काहू देह डारै ना।
याही डर गिरिजा गजानन को गोइ रही,
गिरि तें गरे तें निज गोद तें उतारै ना।।14।।

वैराग्य

(15)

पेट की चौरे चपेट सही,
परमारथ स्वारथ लागि बिगारे।
त्यों 'पद्माकर' भक्ति भजी,
सुनि दंभ के द्रोह के दीह नगारे।
कौन के आसरे आस तजौं,
सुधि लेत न क्यों दसरत्थ दुलारे।
जोग रु जज्ञ जपोतप जाल,
बिहाल परे कलिकाल के मारे।।15।।

7. रसखान

भक्तिकाव्य में चित्रित कृष्ण के मनमोहक रूप से प्रभावित होकर सैयद इब्राहिम जैसा पठान कृष्णभक्त रसखान बन गया। और दिल्ली छोड़ मथुरा में जा बसा। रसखान आदि की भक्ति पर रीझकर भारतेन्दु ने लिखा था, 'इन मुसलमान हरिजनन पर कोटिन हिन्दुन वारिए।' दुःख की बात है कि न तो रसखान का प्रामाणिक जीवन-वृत्त उपलब्ध है और न ही उनके कृष्णभक्त बनने का रहस्य स्पष्ट हुआ है।

(क) जीवन वृत्त–'दो सौ वैष्णवन की वार्ता' में लिखा है कि वे दिल्ली निवासी थे और एक साहूकार के पुत्र से प्रेम करते थे। एक वैष्णव ने उनके प्रेम को कृष्ण की ओर मोड़ दिया। कहा जाता है कि दिल्ली से वृन्दावन चले आए और स्वामी विट्ठलनाथ के शिष्य बन गए। शिवसिंग सेंगर और ग्रियर्सन उनका जन्मस्थान पिहानी (हरदोई) मानते हैं।

अंतःसाक्ष्य के आधार पर उनकी रचना 'प्रेमवाटिका' में आए कुछ दोहों के आधार पर उनके जीवनवृत्त पर प्रकाश पड़ता है, ये दोहे हैं–

'देखि गदर हित साहिबी, दिल्ली नगर मसान।
छिनहि बादसा-बंस की, ठसक छोरि रसखान।।'
'तोरि मानिनी ते हियो, फोरि मोहिनी-मान।
प्रेमदेव की छबिहि लखि भए मियां रसखान।।'
'विधु सागर रस इंदु सुभ बरस सरस रसखानि।
प्रेमवाटिका रुचि रुचिर चिर हिय हरख बखानि।।'

इससे स्पष्ट है कि वे दिल्ली में रहते थे। दिल्ली में बादशाहत के लिए लड़ाइयाँ होती रहती थीं। संभवतः रसखान ने अनेक गृहयुद्ध देखे थे। दिल्ली श्मशान बन गई थी। 'सुजान रसखान' से स्पष्ट है कि उनका संबंध राजवंशों से था। उनका मन ऊब गया और ऊँचे कुल की अकड़ छोड़ वे कृष्ण भक्त बन गए। रसखान का समय 1555 से 1618 के बीच माना जाता है। 'प्रेमवाटिका' की रचना 1614

ई. की है।

(ख) रचनाएँ–रसखान का लक्ष्य कविता करना नहीं था, भक्ति था। उन्होंने कुल कितने छंद लिखे यह स्पष्ट नहीं। तुलसीदास जी के 'भक्त प्रदीपन' के अनुसार उन्होंने सहस्रों कवित्तों की रचना की। अभी तक रसखान के लिखे संदिग्ध और असंदिग्ध छन्दों की संख्या 334 मानी जाती है। 'सुजान वाटिका', 'प्रेम वाटिका', 'दानलीला' आदि में अधिकांश छन्द संगृहीत हैं। रसखान के काव्य में कृष्ण की बाललीला, रूप माधुरी, प्रेमलीला, मुरली प्रभाव, कालियदमन, चीरहरण, प्रेमासक्ति, वियोग वर्णन, उद्धव उपदेश, ब्रज प्रेम, गंगा प्रेम आदि मुख्य विषय हैं। उनके काव्य का मूल स्वर भक्ति का है।

(ग) काव्य-सौन्दर्य–रसखान, दिल्ली को छोड़कर वृन्दावन में आ बसे। वृन्दावन से उनका अगाध प्रेम निम्न पद में प्रकट हुआ है–

"मानुष हौं, तौ वही रसखान बसौं ब्रज गोकुल गांव की ग्वारन।
जो पशु हौं, तौ कहा बस मेरौ, चरूं नित नन्द की धेनु मंझारन।।
पाहन हौं, तौ वही गि को जो धर्‌यौ हरि छत्र पुरन्दर धारन।
जो खग हौं, तौ बसेरो करौं मिलि कालिंदी कूल कदंब की डारन।।"

अथवा

रसखानि कबौं इन आंखिन सों ब्रज के बन बाग तड़ाग निहारौ।
कोटिक ही कलधौत के धाम करील के कुंजन ऊपर बारौ।

रसखान को वृन्दावन कृष्ण के कारण प्रिय है। कृष्ण की रूप माधुरी एवं बाललीला पर रसखान ग्वालों और गोपियों सहित मुग्ध हैं। रूप वर्णन का मोहक चित्र है–

"दृग दूने खिंचे रहे कानन लौं, लट आनन पर लहराई रही।
छकि छैल छबीली छटा छहराई कै, कौतुक कोटि दिखाई रही।।"

कृष्ण की बाल-चेष्टाओं पर मुग्ध रसखान गाते हैं–

"धूरि भरे अति सोभित स्याम जू वैसी बनी सिर सुन्दर चोटी।
खेलत खात फिरै अंगना पग पैंजनि बाजति पीरी कछौटी।।
वा छवि को रसखानि विलोकति, वारत काम कला निज कोटी।
काग के भाग बड़े सजनि, हरि हाथ सौं ले गयौ माखन रोटी।।"

रसखान के काव्य में कृष्ण भक्ति का सागर लहराता है जो अपनी मधुरता में सूर के सूरसागर से टक्कर लेता है। रसखान ने बाल्य-वर्णन के बहुत कम पद लिखे हैं परन्तु जो लिखे वे प्रेम एवं भक्ति की पराकाष्ठा के सूचक हैं। गोपियों का कृष्ण-प्रेम भी रसखान ने मनोयोगपूर्वक चित्रित किया है। गोपिका, कृष्णमय हो गई है परन्तु सौतिया डाह से मुक्त नहीं हो पाई, कवि लिखता है–

'भावतो मेरो वही रसखानि सौं तेरे कहे सब स्वांग करौंगी।
या मुरली मुरलीधर की अधरान धरी अधरा न धरौंगी।।"

अर्थात् गोपिका कृष्ण का पूरा रूप धारण करने को तैयार है परन्तु कृष्ण की प्रिय बांसुरी को अपने ओंठों से लगाने को तैयार नहीं है। 'बांसुरी माधुरी' में बांसुरी के जादुई प्रभाव को गऊओं तक पर होते दिखाया गया है क्योंकि गऊएँ बांसुरी की आवाज सुनकर–

'मोहन तावन सौं रसखानि अटा चढि गोधन जै है तो जै है।'

गऊएं सारी बाधाएँ लाँघकर मुरली की धुन की ओर आकर्षित होती हैं, भागती चली जाती हैं।

रसखान के साहित्य की भाषा शुद्ध, साहित्यिक ब्रजभाषा है। इनकी भाषा में माधुर्य, सहजता एवं संगीतात्मकता का गुण विद्यमान है। भाषा में अलंकार सहज ही आए हैं, अलंकारिकता रसखान का लक्ष्य नहीं। रसखान ने कृष्णभक्ति काव्य की पद-परम्परा त्याग कर कवित्त-सवैयों का मार्ग अपनाया। तुलसी ने भी रामभक्ति के लिए कवित्त-सवैयों का सहारा लिया। तुलसी रसखान के समकालीन थे। सम्भव है उनका सम्बन्ध राजदरबारों से रहा हो इसीलिए कवित्त सवैयों का सहज प्रयोग उन्होंने किया हो परन्तु दरबारीपन का लेशमात्र भी प्रभाव रसखान के काव्य पर नहीं है। रसखान के कवित्त-सवैयों की सरसता, सहजता, आडंबरहीनता शायद ही अन्यत्र कहीं मिले। ब्रज की धरती, पशु-पक्षी, वन-बाग के प्रति रसखान का समर्पण विस्मयकारी है।

रसखान को सवैये लिखने में अद्भुत सफलता मिली है। 'प्रेम वाटिका' दोहों में रची गई है। कवित्तों का भी प्रचुर प्रयोग रसखान ने किया है। लोकोक्तियों का सहज प्रयोग रसखान की भाषा को सजीव बनाता है, उदाहरण के लिए–

(1) मोल कला के लला न बिकैहौं।
(2) नाहिं उपजैगो बांस नाहिं बाजै फिर बांसुरी।
(3) नेम कहा जब प्रेम कियो।

हिन्दी के श्रेष्ठ आलोचक आचार्य रामचन्द्र शुक्ल रसखान की भाषा के विषय में लिखते हैं कि–"इनकी (रसखान की) भाषा बहुत चलती, सरस और शब्दाडम्बर मुक्त होती थी। शुद्ध ब्रजभाषा का जो चलतापन और सफाई रसखान और घनानंद की रचनाओं में है, वह अन्यत्र दुर्लभ है।"

7. रसखान

(1)

मानुष हौं, तौ वही 'रसखानि', बसौं ब्रज-गोकुल-गाँव के ग्वारन।
जो पसु हौं, तौ कहा बसु मेरौ, चरौं नित नंद की धेनु मँझारन।।
पाहन हौं, तौ वही गिरि को, जो धर्यो कर छत्र पुरंदर-कारन।
जो खग हौं, तौ बसेरो करौं मिलि कालिन्दी कूल-कदंब की डारन।। 1।।

(2)

या लकुटी अरु कामरिया पर, राज तिहूँ पुर को तजि डारौं।
आठहूँ सिद्धि नवों निधि को सुख, नन्द की गाइ चराइ बिसारौं।।
इन आँखिन सों 'रसखानि' कबौं, ब्रज के बन-बाग-तड़ाग निहारौं।
कोटिक हौं कलधौत के धाम, करील की कुंजन ऊपर वारौं।। 2।।

(3)

मोर-पंखा सिर सोने ऊपर राखिहौं, गुंज की माल गरे पहिरौंगी।
ओढ़ि पितम्बर ले लकुटी बन, गोधन ग्वारिन संग फिरौंगी।।
भावतो वोहि मेरो 'रसखानि', सो तेरे कहे सब स्वाँग भरौंगी।
या मुरली मुरलीधर की, अधरान-धरी अधरा न धरौंगी।। 3।।

(4)

सेस महेस गनेस दिनेस, सुरेसहूँ जाहि निरंतर गावैं।
जाहि अनादि अनन्त अखंड, अछेद अभेद सुबेद बतावैं।।
नारद से सुक व्यास रटैं, पचि हारे तऊ पुनि पार न पावैं।
ताहि अहीर की छोहरियाँ छछिया भरि छाछ पै नाच नचावैं।। 4।।

(5)

धूरि भरे अति सोभित स्यामजू, तैसी बनी सिर सुन्दर चोटी।
खेलत खात फिरै अँगना, पग पैंजनी बाजति, पीरी कछोटी।।
वा छवि को रसखानि बिलोकत, वारत काम कलानिधि कोटी।
काग के भाग कहा कहिये, हरि हाथ सों लै गयो माखन रोटी।। 5।।

(6)

बैन वही उनको गुन गाइ औ कान वही उन बैन सों सानी।
हाथ वही उन गात सरै अरु पाइ वही जु वही अनुजानी।।
आन वही उन आन के संग और मान वही जु करै मनमानी।
त्यों रसखानि वही रसखानि जु है रसखानि सो है रसखानी।। 6।।

(7)

सोहत है चँदवा सिर मौर के जैसियै सुन्दर पाग कसी है।
तैसियै गोरज भाल बिराजति जैसी हिये बनमाल लसी है।।
रसखानि बिलोकत बौरी भई दृग मूँदि कै ग्वालि पुकारि हँसी है।
खोलि री घूँघट खोलौं कहा वह मूरति नैनन माँझ बसी है।। 7।।

(8)

उनहीं के सनेहन सानी रहैं उन हीं के जू नेह दिवानी रहैं।
उनहीं की सुनैं न औ चैन त्यौं सैन सों चैन अनेकन ठानी रहैं।
उनहीं संग डोलन मैं रसखानि सबै सुखसिंधु अघानी रहैं।
उनहीं बिन ज्यौं जलहीन है मीन सी आँखि मेरी अँसुवानी रहैं।। 8।।

(9)

कोउ रिझावन कौं रसखानि कहै मुकतानि सों माँग भरौंगी।
कोउ कहै गहनो अँग अँग दुकूल सुगंध-भर्यौ पहिरौंगी।
तूँ न कहै न कहै तौ कहौं कहूँ न कहौं तेरे पाँय परौंगी।
देखहि तूँ यह फूल की माल जसोमति-लाल निहाल करौंगी।। 9।।

(10)

काननि दै अंगुरी रहिबो जबहीं मुरली धुनि मंद बजैहै।
मोहनीताननि सों रसखानि अटा चढ़ि गोधन गैहै तौ गैहै।
टेरि कहौं सिगरे ब्रज लोगनि काल्हि कोऊ सु कितौ समुझैहै।
माइ री वा मुख की मुसकानि सम्हारी न जैहै न जैहै न जैहै।।10।।

8. भूषण

पूरे रीतिकाल में भूषण का व्यक्तित्व निराला है। जिस युग में कवि सामन्ती दरबारों में आश्रयदाताओं की काम वासनाओं को उत्तेजित करने वाला शृंगारिक-काव्य रचकर धन-दौलत इकट्ठी कर रहे थे और अपने चारों ओर हो रहे अत्याचार और शोषण से आँख मूँदे हुए थे उस युग में शिवाजी और छत्रसाल जैसे राष्ट्रनायकों के यशोगान को उन्होंने अपने काव्य का विषय बनाया। भूषण का काव्य खुशामद अथवा झूठी प्रशंसा पर आधारित नहीं है क्योंकि ये दोनों नायक सचमुच अन्याय और अत्याचार से लड़ रहे थे तथा हिन्दू जनता के आदर्श थे। आदिकालीन वीर काव्यधारा जो भक्तिकाल में क्षीण हो गई थी और रीतिकाल में जिसके प्रकट होने के अवसर कम ही थे एकाएक भूषण की कलम का सहारा पाकर पुनर्जीवित हो गई। मान, लाल, सूदन और जोधराज जैसे अन्य रीतिकालीन कवियों ने भी वीररस का काव्य लिखा परन्तु भूषण का काव्य ओज और राष्ट्रप्रेम की दृष्टि से श्रेष्ठ है। रीतिकालीन राष्ट्रीयता का स्वरूप मुगलों के अत्याचारों के प्रतिरोध के रूप में ही प्रकट हुआ। भूषण ने भी अन्य रीतिकालीन कवियों की तरह अपने आश्रयदाताओं की प्रशस्तियाँ लिखीं परन्तु क्योंकि वे सच्चे संघर्षरत राष्ट्रनायकों शिवाजी और छत्रसाल से संबंधित थीं इसलिए जनता के हृदय का हार बनीं।

(क) जीवन वृत्त–भूषण कवि का जन्म सन् 1613 में कानपुर के निकट यमुना नदी के किनारे स्थित त्रिविक्रमपुर नामक स्थान पर हुआ। ये कश्यप गोत्र में उत्पन्न कनौजी ब्राह्मण थे। विद्वानों ने अनेक प्रमाणों के साथ यह सिद्ध किया है कि चिंतामणि, मतिराम, भूषण और जटाशंकर चार भाई थे और चारों ही कवि थे। कहा जाता है कि भूषण अपने एक भाई चिंतामणि के साथ औरंगजेब के दरबार में भी गए थे परन्तु वहाँ के वातावरण में रुक नहीं सके। मतिराम कुमायूँ नरेश के दरबार में भी गए थे किन्तु वहाँ भी ठहर न सके। वास्तव में भूषण को किसी सच्चे राष्ट्रनायक योद्धा राजा की खोज थी जो शिवाजी के दरबार में जाकर पूरी हुई। अपने अन्तिम

दिनों में वे पन्ना नरेश छत्रसाल के दरबार में भी गए। छत्रसाल ने भूषण को मान देते हुए उसकी पालकी को कंधा दिया था। भूषण की मृत्यु 1717 में हुई।

(ख) **रचनाएँ**–साहित्येतिहासकार शिवसिंह सेंगर ने भूषण के चार ग्रंथों का उल्लेख किया है–'शिवराज भूषण हजारा', 'कालिदास हजारा' की तरह अनेक कवियों की कविता का संग्रह हो सकता है। 'भूषण उल्लास' अलंकार ग्रंथ और 'दूषण उल्लास' काव्य दोष दर्शन का ग्रंथ है। इनके अतिरिक्त भूषण की दो अन्य रचनाएँ 'शिवाबावनी' और 'छत्रसाल दशक' प्रकाश में आई हैं। ये दोनों ग्रंथ। 1890 में प्रकाश में आए। इनकी न कोई हस्तलिखित प्रति मिलती है और न किसी ग्रंथ में इसका उल्लेख है। 'शिवाबावनी' में कुछ भूषण के छन्द और कुछ अन्य छन्द भी रख दिए गए हैं। कहते हैं कि पहली बार शिवाजी, भूषण को एक मंदिर में मिले और वे छद्मवेश में थे। भूषण ने उन्हें अपना रचा एक सवैया सुनाया जिसे शिवाजी ने बावन बार सुना। अगले दिन भूषण को दरबार में बुलाकर सम्मानित किया और 52 लाख रुपए, 52 हाथी और 52 गाँव जागीर के रूप में दिए। 'शिवा बावनी' नामकरण का यही रहस्य है। 'छत्रसाल दशक' में कुछ छंद भूषण के हैं और कुछ अन्य कवियों के। भूषण का प्रामाणिक ग्रंथ केवल 'शिवराज भूषण' है जिसका रचनाकाल 1673 ई. है। इनकी कविता से प्रसन्न होकर चित्रकूट के राजा हृदयराम ने इन्हें भूषण की पदवी दी थी, इनका वास्तविक नाम अज्ञात है–

"कुल सुलंक चित्रकूट पति साहस सील समुद्र।
कवि भूषण पदवी दई, हृदैराम सुत रुद्र।।"

'शिवराज भूषण' में अलंकारों के लक्षण दोहों में तथा उदाहरण कवित्त सवैयों में दिए गए हैं। अलंकारों के लक्षण मतिराम द्वारा दिए लक्षणों जैसे ही हैं, अनेक स्थानों पर मतिराम के शब्द तक दुहरा दिए गए हैं। दिए गए लक्षण दोषपूर्ण हैं। भूषण कवि का काव्यादर्श लक्षण-ग्रंथ लिखकर आचार्य बनना नहीं था, उन्होंने युगीन परंपरा का निर्वाह मात्र किया है। उनका लक्ष्य तो वाणी को महाराज शिवाजी के पुण्य चरित्र में स्नान करवाकर पवित्र करना था। उन्होंने लिखा भी है–

ब्रह्म के आनन ते निकसे ते अत्यंत पुनीत तिहुं पुर मानी।
राम युधिष्ठिर के बरने बलमीकिहु ख्याल के संग सीहानी।।
भूषण यों कलि के कविराजन राजन के गुन गाय निसानी।
पुन्य चरित सिवा सरजा सर न्हाय पवित्र भई पुनि बानी।।

(अर्थात् जिस वाणी को ब्रह्मा के मुख से उत्पन्न होने के कारण तीनों लोकों में अत्यधिक पवित्र माना जाता है, राम और युधिष्ठिर जैसे महापुरुषों के वर्णन से वाल्मीकि और व्यास ने जिसे शोभा दी उसी वाणी को कलियुग के कवियों ने साधारण कलियुगी राजाओं की प्रशंसा करके नष्ट कर दिया। अब मैं उसे महाराज शिवाजी के पुण्य चरित्र में स्नान करवा रहा हूँ। जिससे वह पुनः पवित्र हो जाएगी।)

(ग) भूषण का काव्य-सौन्दर्य–भूषण की कविता के विषय में आचार्य रामचन्द्र शुक्ल अपने हिन्दी साहित्य के इतिहास में लिखते हैं कि–"जो कविताएँ इतनी प्रसिद्ध हैं उनके संबंध में यहाँ यह कहना कि वे कितनी ओजस्विनी और वीरदर्पपूर्ण हैं, पिष्टपोषण मात्र होगा। यहाँ इतना ही कहना आवश्यक है कि भूषण वीररस के कवि थे। इधर इनके दो-चार कवित्त शृंगार रस के भी मिले हैं, पर वे गिनती के योग्य नहीं हैं। रीतिकाल के कवि होने के कारण भूषण ने अपना प्रधान ग्रंथ 'शिवराजभूषण' अलंकार के ग्रंथ के रूप में बनाया। पर रीतिग्रंथकार की दृष्टि से, अलंकार निरूपण के विचार से यह ग्रंथ उत्तम ग्रंथ नहीं कहा जा सकता।" शुक्ल जी के अनुसार भूषण निस्सन्देह वीररस के श्रेष्ठ कवि हैं और उनके काव्य को लक्षण निरूपक काव्य की दृष्टि से साधारण दोषपूर्ण कहा जा सकता है। शुक्ल जी ने भूषण की भाषा में भरपूर ओज स्वीकार किया है परन्तु साथ ही भाषा के अव्यवस्थित होने, व्याकरण के उल्लंघन, वाक्य रचना की अव्यवस्था और शब्द-खिलवाड़ की ओर भी संकेत किया है।

भूषण की कविता का केन्द्रीय विषय शिवाजी की वीरता का वर्णन है जो सच्चाई पर आधारित होने के कारण तथा राष्ट्र-भाव से युक्त होने के कारण जन-जन का प्रिय विषय बना। उनका प्रसिद्ध छंद है–

'इंद्र जिमि जंभ पर, बाड़व सुअंभ पर
रावण सुदंभ पर रघुकुल राज है।'
× × ×
तेज तम अंश पर कान्ह जिमि कंस पर
यो मलेच्छ बंस पर खेर सिवराज है।"

अर्थात् जैसे इन्द्र का बादलों पर, बडवानल अर्थात समुद्र की आग का समुद्र के जल पर अधिकार रहता है वैसे ही दंभी रावण पर राम विजयी हुए थे उनका अधिकार हुआ। इसी क्रम को आगे बढ़ाते हुए अन्त में भूषण लिखते हैं कि जिस तरह अंधकार पर सर्वत्र प्रकाश का, कंस पर कृष्ण का अधिकार रहता है वैसे ही म्लेच्छों अर्थात् मुगलों पर सदा ही महाराज शिवाजी हावी रहते हैं। भूषण ने मुख्यतः वीररस की कविता लिखी और अपने आश्रयदाताओं की युद्धवीरता, दानवीरता, धर्मवीरता का वर्णन किया।

शिवाजी वीर सैनिक हैं और मुगल सेना में उनके नाम का आतंक था यह बात भूषण ने अनेक सवैयों में कही है। शत्रु पक्ष की आकुलता दर्शाती दो पंक्तियाँ हैं–

"चौंकि चौंकि चकता कहत चहुंधा ते नारो,
लेत रहो खबरि कहा लौं सिवराज है।"

अर्थात् मुगल सैनिक भय के मारे चौंक-चौंक कर उठते हैं उन्हें नींद नहीं आती और वे बार-बार पूछते हैं कि शिवाजी कहाँ तक पहुँचा गया है इसका पता लगाओ। मनुष्य

ही नहीं आगरे की छावनी में सुक-सारिका भी शिवाजी के नाम से रह रहे हैं–

'मानव की कहा चली एते मान आगरे में,
आयो आयो सिवराज रटै सुक सारिका।।'

भूषण ने युद्धों की तैयारी, युद्ध की मारकाट और वीरों के शौर्य का सुन्दर वर्णन किया है। शिवाजी के सिपाही मुगलों पर टूटते हैं, यथा–

"ताव दै दै मूँछन कंगूरन पै पाँव दै दै।
अरि मुख घाव दै दै, कूदि परे कोट में।।"

मूँछों पर ताव देते हुए, कंगूरों को फाँदते हुए, सम्मुख युद्ध करते हुए मराठा सिपाही शत्रु के दुर्ग में घुस रहे हैं।

भूषण के काव्य में अतिशयोक्ति मूलक वर्णन भरे पड़े हैं क्योंकि यह उस युग का प्रभाव था, दरबारी काव्य की यह बड़ी विशेषता थी।

भूषण की राष्ट्रीयता को लेकर विवाद रहा है परन्तु मध्ययुग में भारतीय राष्ट्रीय-भावना धर्म से जुड़कर ही प्रकट हो सकती थी सो हुई। भूषण के काव्य में राष्ट्रीयता के स्वरूप पर आलोचक नगेन्द्र लिखते हैं–"उन्होंने राष्ट्रीयता की परिभाषा सांस्कृतिक दृष्टिकोण से की है। उनकी वाणी प्रपीड़ित प्रजा के प्रति एक अपूर्व आश्वासन है। चाहे भूषण की कविता में उत्कृष्ट मर्मज्ञ कवि की सूक्ष्म कवित्व कला न हो, किन्तु उनके काव्य में ओज का प्रभावी घोष अवश्य है, जो रग-रग में रक्त का संचार करने में समर्थ है।"

भूषण की राष्ट्रीयता में देश-प्रेम, अनीति और अन्याय का विरोध, अपने धर्म और संस्कृति से लगाव मुखर हुआ है। भारतीयों की फूट पर दुःखी कवि भूषण लिखता है–

"आपस की फूट तें सारे हिन्दुवान टूटे।
टूटयो कुल रावन अनीति अति करते।।"

शिवाजी के धर्म-संस्कृति रक्षक रूप को स्पष्ट करते हुए भूषण लिखते हैं–

वेद राखे विदित पुरान प्रसिद्ध राखे,
राम नाम राख्यो अति रसना सुघर में।
हिन्दुअन की चोटी, रोटी राखी है सिपाहिन की,
कांधे पे जनेऊ राख्यो, माला राखी कर में।।

भूषण ने शिवाजी को अवतारी पुरुष के रूप में चित्रित किया है–

"दशरथ राजा राम भौ, वसुदेव के गोपाल।
सोई प्रगट्यौ साहि के, श्री शिवराज भुआल।।"

भूषण के पास नायिका-भेद वर्णन और प्रकृति चित्रण का अधिक अवसर नहीं था। कुछ पदों में उन्होंने शृंगार-वर्णन किया है। प्रकृति का उद्दीपन रूप ही चित्रित हुआ है।

वीररस की कविता में द्वितवर्णों और संयुक्ताक्षरों के प्रयोग की जो परिपाटी चली आ रही थी, भूषण ने उसी का अनुसरण किया। उनकी कविता में अरबी, फारसी, तुर्की के शब्द भी उस काल के अन्य कवितायों की अपेक्षा अधिक पाए जाते हैं। मुगलों से युद्ध करते हुए मराठों की भाषा में ऐसे शब्द आना स्वाभाविक ही था। शिवाजी के शौर्य को शत्रुओं तक पहुँचाने के लिए उनकी भाषा के शब्दों का अधिक प्रयोग उचित ही था।

भूषण का समस्त काव्य मुक्तक काव्य के अंतर्गत आता है। भूषण की भाषा सामान्यतः ब्रज है। लोकोक्तियों और मुहावरों का प्रयोग अधिक हुआ है। भूषण के काव्य में अनुप्रास, अतिशयोक्ति, यमक, उत्प्रेक्षा, श्लेष तथा रूपक आदि अलंकारों का प्रयोग अधिक हुआ है। छन्द की दृष्टि से कवि भूषण ने रोला, छप्पय, कवित्त, दोहा, हरिगीतिका सवैया आदि छन्दों का अधिक प्रयोग किया है।

8. भूषण

(1)

उतरि पलंग ते न दियो है धरा पै पग,
होऊ सगबग निसिदिन चली चाही हैं।
अति अकुलाती मुरझाती न छिपाती गात,
बात न सोहाती बोलैं अति अनखाती हैं।
भूषन भनतसिंह साहि के सपूत सिवा,
तेरी धाक सुने अरि नारि बिललाती हैं।
कोऊ करैं घाती कोऊ रोतीं पीटि छाती,
घरै तीनि बेर खातीं ते वै बीनि बेर खाती हैं।

(2)

ऊंचे घोर मंदर के अंदर रहनवारी,
ऊंचे घोर मंदर के अंदर रहाती हैं।
कंदमूल भोग करैं कंदमूल भोग करैं,
तीनि बेर खाती ते वै तीन बेर खाती हैं।
भूषन सिथिल अंग भूषन सिथिल अंग,
बिजन डुलाती ते वै बिजन डुलाती हैं।
भूषन भनत सिवराज बीर तेरे त्रास,
नगन जराती ते वै नगन जड़ाती हैं।।

(3)

चकित चकत्ता चौंकि उठै बार-बार,
दिल्ली दहसति चित चाहै खरकति है।
बिलखि बदन बिलखात बिजैपुर-पति,
फिरत फिरंगिन की नारी फरकति है।
थर-थर कांपत कुतुब साहि, गोलकुंडा,
हहरि हबसि भूप भीर भरकति है।
राजा सिवराज के नगारन की धाक सुनि,
केते पातसाहन की छाती दरकति है।।

(4)

डाढ़ी के रखैयन की डाढ़ी सी रहति छाती,
बाढ़ी मरजाद जस हद्द हिंदुवाने की।
कटि गई रैयति के मन की कसक सब,
मिटि गई ठसक तमाम तुरकाने की।
भूषन भनत दिलीपति दिल धकधका,
सुनि-सुनि धाक सियराज मरदाने की।
मोटी भई चंडी बिनु चोटी के चबाय सीस,
खोटी भई संपति चकत्ता के घराने की।

(5)

निकसत म्यान ते मयूखैं प्रलै भानु कैसी,
फारै तम तोम से गयंदन के जाल को।
लागति लपटि कंठ बैरिन के नागिन सी,
रुद्रहि रिझावै दै-दै मुंडन के माल को।
लाल छितिपाल छत्रसाल महाबाहुबली,
कहां लौं बखान करौं तेरी करवाल को।
प्रतिभट कटक कटीले केते काटि-काटि,
कालिका सी किलकि कलेऊ देति काल को।।

(6)

मारे दल मुगल तिहारी तरवारि आगु,
उछलि बिछलि म्यान बांबी ते निकासतीं।
तेरी तरवारि लागे दूसरी न मांगै कोऊ,
काटि कै कलेजा शोन पीवत बिनासतीं।
साहि के सपूत महाराज सिवराज बीर,
तेरी तरवारि स्याह नागिन सी भासतीं।
ऊंट हय पैदरि सवारन के झुंड काटि,
हाथिन के मुंड तरबूज सो तरासतीं।।

(7)

आपस की फूट ही ते सारे हिन्दुवान टूटे,
टूट्यो कुल रावन अनीति अति करते।
पैठिगो पताल बलि बज्रधर ईरषा ते,
टूट्यो हिरन्याक्ष अभिमान चित्त धरते।
टूट्यो सिसुपाल वासुदेव जू सों बैर करि,
टूटो है महिष दैत्य अधम बिचरते।
राम कर छुवत ही टूट्यो ज्यों महेस चाप,
टूटी पातसाही सिवराज संग लरते।।

परिशिष्ट 1

1. कबीर

(1) अन्बर = अम्बर, आकाश। कुंजा = क्रौंच पक्षी। कुरलियां = रोकर शोर मचाया। हवाल = हाल।

(2) बासुरि = दिन। छाँह = छाया।

(3) दिनन = दिनों की। जोवती = जोहती। वाट = मार्ग। जिव = मन।

(4) सक्कौं = सकूँ। तुज्झ = तुझ। तपाइ = तपा कर, जला कर।

(5) मसि = स्याही। धूवां = धुआं। सरग्गि = स्वर्ग, आकाश।

(6) लेखनि = कलम। करंक = बची खुची हड्डियाँ।

(7) जरजर = जर्जर। जिहिं = जिसे।

(8) भुवंगम = साँप। बौरा = पागल।

(9) तंत = तांत, डोरी।

(10) बुरहा = बुरा। जिनि = मत। मसान = श्मशान।

(11) अंखियन = आँखें। झोई = झाईं पड़ना, ज्योति मद्धम होना। निहारि =देख।

(12) रिसाइ = नाराज, क्रुद्ध। बिसूरनौ = सुबकना, रोना। काहहि = लकड़ी को।

(13) हांसे ही = हँसते हुए। दुहागनि = अभागिन, पति रहित।

(14) मींच = मृत्यु। दांफना = सुलगना। मौ पै = मुझ से।

(16) दौं = दावानल, जंगल की आग। सायर = सागर। दाधी = जली हुई। पालवै = जीवित होती।

(17) दाधा = जला। बपुरा = बेचारा। ऊवरा = बच गया।

(18) अहेडी = अहेरी, शिकारी। दौ = दावानल। क्रीला = क्रीड़ा।

(19) समुन्दर = मन, वासना रहित। नदियाँ = विषय विकार।
मंछी = मछली। रूख = वृक्ष, सहस्रार।

परचा को अंग

(20) मधुकर = भँवरा। नीर = जल। अलेख = अदृश्य, अज्ञात ब्रह्म।

(21) पूरब = पहले, पिछले। मह मही = महक फूटी।

(22) पिंजरा = शरीर। अंतरि = हृदय में। उजास = उजाला।

(23) हिम = बर्फ। विलाइ = विलीन।

(24) अनूप = अद्वितीय ब्रह्म।

(25) अंक भरना = आलिंगन करना। धीर = धैर्य।

(26) सचु = शान्ति। दिलवरिया = प्रिय, प्रेमी।

(27) सांकरी = तंग। समाहिं = समाना।

(28) सनमुख = सामने । धन = पत्नी, प्रिया।

(29) अगम = अगम्य। महिमा = महानता।

(30) सुभर = लबालब भरा, पूरा भरा। केलि = क्रीड़ा। मुक्ताहल = मुक्त आत्माएं।

(31) भाठी = भट्ठी। कलाल = मधु विक्रेता।

(32) सौंपते = समर्पित करते।

(33) बरि = बराबर।

(34) जेवड़ी = जंजीर।

(35) सूरिवां = शूरवीर।

(37) खाला = मासी। पैसे = प्रवेश करे।

(38) बारी = बाड़ी, खेल। हाटि = दुकान।

सबद

(1) श्वान = कुत्ता। कांच = शीशा। भर्मित = भ्रम में पड़ा। केहरि = शेर। फटिल = स्फटिक, संगमरमर। दसनन= दांत। मरकट = बन्दर। बिहुरै = बिछुड़े, त्यागे। नटत = नाचता। नलनी = चर्खी। सुखना =तोता।

(2) नलिनी = कमलिनी। तपति = गर्म होती, जलती। काखनि = किससे। उदिक = जल। मुए = मरे।

(3) मिरगिन = मृग, इन्द्रियां। बासुरी = दिन। विड़रत = उड़ाना। बदत = मानना, समझना। पचि हारे = थक कर पराजय मान बैठे। किरषी = कृषि। बिझुका= काग भगौड़ा। अक्खिर = अक्षर। दोइ= दो (राय)। बेरियां = देरी हो गई।

(4) भरतार = पति। रत = लीन, मग्न। पाहुने = मेहमान। जोबन = यौवन। मैमाती = मदमस्त। भांवरि = फेरे, सप्तपदी।

(5) नट = नर्तक। बदौं = मानूं, स्वीकार करूँ।

(7) फांसि = फन्दा। तिरगुन = तीन गुण (सत्व, रज और तम)।

(8) हउँ = मैं। खीनुं = क्षीण। सुअटा = तोता। नौतम = नौसिखिया।

(9) अनियाले = नोकदार। ओषद=औषध। भाई = भाव।

(10) भोरा = भोला। जड = यदि। निहोरा = एहसान। ढुरि = ढुलक कर। लोई = लोगो।

(11) टाटी=ओट। दुचिते = दुविधाग्रस्त मन। थूँनि=खम्बे। बलेंडा=छींका। त्रिसना = तृष्णा। दुरमति = दुर्बुद्धि, मूर्खता। भीनां = भीगा। प्रगासा= प्रगट हुआ। उदै = उदित। चीना=देखा।

(12) मरिहै = मरता है। रसायन = औषध।

2. सूरदास

(क) विनय तथा भक्ति

(1) पतितन=गिरे हुए, नीच। टीकौ=सिरमौर, अग्रणी। जनमत=जन्म से। बधिक=कसाई। सूल=दुःख, पीड़ा। जी=हृदय। अघ=पाप। नीकौ=अच्छा, श्रेष्ठ।

(2) अविगत=अज्ञेय, ईश्वर। अंतरगत=भीतर ही भीतर। अमित=अतुल्य। तोष=संतोष। अगोचर=अदृश्य। निरालंब=आश्रय रहित।

(3) उदधि=समुद्र। राइ=स्वामी। मेरु=सुमेरु। अकृपा=कृपा से वंचित। कातर=विवश। देहि पीठ=पीठ दिखाते हैं।

(4) औगुन=अवगुन। तिहारो=तुम्हारा। बधिक=कसाई।

(5) द्रुम डरिया=वृक्ष की डाली। पारधि=शिकारी, ढुक्यौ=मंडराता। सचान=बाज। अहि=सांप। संधान=निशाना।

(6) महातम=महान। पियासौ=प्यासा। दुरमति=दुष्ट, बुरी बुद्धि वाला। कूप=कूआँ। खनावै=खोदता है। मधुकर=भंवरा। अंबुज-रस=कमल का रस। चाख्यौ=चखा। छेरि=बकरी।

(7) विमुखन=विमुख हुए। पय पान=दूध पिलाना। तजत=छोड़ता। भुजंग=सांप। खर=गधा। अरगजा=चन्दन। मरकट=बन्दर। पाहन=पत्थर। पतित=फेंका, मारा हुआ। रीतौ=खाली। निषंग=तरकस। कारी=काली। कामरि=कम्बल।

(ख) रूप माधुरी एवं बाललीला

(9) बोहित=समुद्री जहाज। इहिं=इधर। बरजत=रोकना। वासन=बर्तन

(10) दुरि=छुपी। अम्बर=आकाश। तडित=बिजली। दसन=दाँत। छवि=शोभा। हेरि=देख कर। अहिराज=साँपों के राजा, शेषनाग। बिवरन=बिवरों में, बाँबियों में।

(11) दंतुली=नन्हे दाँत। दूध-दंतुलियाँ=दूध के दाँत। द्विज=दाँत। बिज्जु=बिजली।

(12) बूझत=पूछते। काकी=किसकी। खोरी=गली। तन=की ओर। पौरी=आँगन। स्रवननि=कानों से। नंद-ढोटा=नंद का बेटा। भुरइ=भुलावे में डाल ली।

(13) सोभित=शोभा दे रहे हैं। कर=हाथ। नवनीत=माखन। घुटरुनि=घुटनों के बल। रेनु=धूल। चारु=सुन्दर। लोल=चंचल। मधुपगन=भँवरे।

(14) को=कौन। काकौ=किसका। गुसैयाँ=स्वामी। रिसैयां=क्रोध। छैयां=आश्रय में। जनावत=बताता है। रूहठि=धोखा, छल।

(ग) मथुरा-गमन एवं भ्रमर गीत

(15) धाइ=धाय, आया। मया=प्रेम। टेव=आदत। तऊ=फिर भी। तातौ=गर्म। लडैतौ=लाडला।

(16) संदेसनि=संदेसों से। कूप=कूएँ। पठवत=भेजता। फिरे=लौटाए। जितै=जितने भी। नसोध करे=खबर नहीं दी। कै=या तो, शायद। प्रमोधै=समझा दिया। गरे=गले। मसि=स्याही। खूटी=चूक गई। सर=सरकंडा। दव=दावाग्नि। आँधी=अन्धा। कपाट=किवाड़। अरे=बन्द।

(17) मधुकर=भँवरा। पुनि=फिर। गांसी=छल छंद। बावरौ=बावला।

(18) ठगौरी=ठगी का माल। मूरी=मूली। मुक्ताहल=मोती। रैहै=रहेगा। कटुक=कड़वी। निबौरी=निबोली, नीम पर लगने वाला फल। निरबैहै=निर्वाह करेगा।

(19) अंक=अक्षर। बयारि=वायु। उती=उस की। लाड=प्रेम बदति=मानना, समझना।

(20) अवराधै=ध्यान करे। कोटि=करोड़ों।

(21) बिलग=बुरा। जनि=मत। कारे=काले। ओवरि=कोठरी। सुफलक सुत=अक्रूर जी। भँवारे=भ्रमर आदि। मनियारे=चमकीले, सबसे बढ़कर। पखारे=धोए।

(22) अघात=तृप्त होना। सुहात=शोभा देता है।

(घ) सुदामा चरित

(23) अटकायौ=रोका। धस्यौ=भीतर प्रवेश किया। बालमीत=बचपन का मित्र।

(24) विप्र=ब्राह्मण। पखारे=धोए। हितू=मित्र। छीन=क्षीण ! पाऊं=पैर। चटसार=पाठशाला।

(25) बिसरै=भूलना। विपति=मुसीबत। तंदुल=चावल।

3. तुलसीदास

(क) रामचरितमानस

अंगद दौत्य (लंका काण्ड)

दसकंठ=दस सिरों वाला, रावण। कवन=कौन। दसकंधर=रावण। जनकहि=पिता से। मिताई=मित्रता। नाती=सम्बन्धी। बिरंचि=ब्रह्मा। किंबा=अथवा। आनिहु=ले आया है। छमिहि=क्षमा कर देंगे। दसन=दाँतों में। गहहु=दबा लो। तृन=घास। आरत=दुःख भरी, कष्ट भरी। गिरा=वाणी। कपिपोत=बन्दर के बच्चे। मूढ=मूर्ख। तासों=तुमसे। तहौ=उसी। कुल घातक=वंश को डुबाने वाला। सठ=दुष्ट। अंधऊ=अंधा। बधिर=बहरा। बोरा=डुबाया। पर त्रिय=पराई स्त्री। बूडि=डूबना। जल्पसि=बकवाद करना। सठ=दुष्ट। निकर=सेना, समूह।

वर्षा-शरद् वर्णन (किष्किन्धा काण्ड)

सैल=पर्वत। फटिक=स्फटिक, संगमरमर। बिबेका=विवेकपूर्ण। वारिद=बादल। पेखि=देख कर। गृही=गृहस्थ। बिरति=संन्यासी। दामिनि=बिजली। खल=दुष्ट। थिर=स्थिर। बरषहिं=बरसते हैं। निअराएँ=निकट आकर। अघात=चोट। गिरि=पर्वत। खल=दुष्ट। छुद्र=क्षुद्र। ढाबर=गंदला। संकुल=भर गई। सद्ग्रन्थ=अच्छे ग्रन्थ। दादुर=मेढक। धुनि=ध्वनि। बटु=ब्रह्मचारी। ससि=अनाज, अन्न। पराही=चले जाते हैं। मारुत=आँधी। बिलाहिं=उड़ जाते हैं। सद्धर्म=अच्छे धर्म। नसाहिं=नष्ट हो जाते हैं। निविड़=गहरा, घना। पतंग=सूर्य। विनसई=विनष्ट होता है। सुसंग=अच्छी संगति।

अजेय रथ

विरथ=रथहीनी, रथ रहित, पैदल। अधीरा=बेचैन। पदत्रान=जूते। स्यंदन=रथ। आना=अन्य, और ही। सौरज=शौर्य। चाका=पहिये। रजु=रस्सी। बिरति=वैराग्य। कोदंड़ा=धनुष। त्रोन=तरकश। सिलीमुख=तीर। रिपु=शत्रु।

(ख) विनय-पत्रिका

(1) बावरो=बावला, पगला। रावरो=आपका, तुम्हारा। नाह=नाथ, पति। वेद बड़ाई भानी=वेदों ने बड़ाई कही है। बरबात=सबसे बड़ी बात। सिहानी=ईर्ष्या की। नाक=स्वर्ग। नकबानी आयो=नाक में दम आया। जाचकता=याचकता, भिक्षा। व्यंगजुत=व्यंग से युक्त।

(2) बलीते=बलवान से। रीते=खाली। रत=लीन। वनिता=पत्नी।

(3) पातकी=पाती। मोसों=मुझ सा। चेरो=दास, चेला।

(4) पाके=पक गए।

(5) मूढता=मूर्खता। परिहरि=त्याग कर। सुरसरिता=गंगा। धूम=धुआँ। निरखि=देखकर। तृषित=प्यासा। घन=बादल। गच=फर्श। बिसारि=भुला कर। दुसह=असह्य।

(ग) कवितावली

(1) अवधेस=अवध के स्वामी। सकारे=प्रातःकाल। भूपति=राजा (दशरथ)। निकसे=निकले। अवलोकिहैं=देखते हैं। धिक=धिक्कार है। रंजित=रंगे, सजे। अंजन=काजल। सुखंजन=सुन्दर खंजन। जातक=बच्चा। सरोरुह=कमल।

(2) दुति=चमक। मंजुलताई=सौन्दर्य। धूरि=धूल। भूरी=अत्यधिक। अनंग=कामदेव। दामिन=बिजली। बिहरैं=विचरण करें।

(3) वर=श्रेष्ठ। अधराधर=दोनों होंठ। पल्लव=पत्ता। चपला=बिजली। घुघुरारि=धुंघराली। लोल=चंचल।

(4) कीर=तोता। कागर=पंख। नृपचीर=राजवस्त्र। उप्पम=उपमा। औध=अवध। मगवास=रास्ते का पड़ाव। सुबंधु=अच्छा बन्धु, लक्ष्मण। पुनीत=पवित्र। देह=शरीर। राजिवलोचन=कमल नयन। बटाऊ=बटोही, पथिक। नाई=की तरह।

(5) पुरतें=घर से। निकसी=निकली। वधू=बहू। धीर=धैर्य। मग=मार्ग। डग=पांव। मधुराधर=मधुर अधर। तियकी=पत्नी की। लखि=देखकर। चारु=सुन्दर। च्वै=बहना।

(6) परिखो=प्रतीक्षा करो। घरीक=घड़ी भर। ठाढ़े=खड़े होकर। पसेउ=पसीना। बयारि=हवा करना। भूभरि=गर्म रेत में। डाढे=जले। स्रम=थका। लौं=तक। नाह=स्वामी।

(7) उर=छाती। तून=तरकश। सरासन=धनुष। सुठि=अधिक। रावरो=तुम्हारे। को हैं=कौन हैं।

(8) बनिज=व्यापार। चाकर=नौकर। चाकरी=नौकरी। सांकरे=संकट के। दसानन=रावण। दुरित=शीघ्र। हहा=हाहाकार करना।

4. मीरांबाई

(1) परसि=स्पर्श करो, छुओ। सुभग=सुन्दर। त्रिविध=तीनों तरह की। नाथ्यो=नाथ, नुकेल डाली। मघवा=इन्द्र। अगम=कठिन है।

(2) नैनन=आँखों को। विसरत=भूलना। घरी=घड़ी भर। निबड़ी=निपट गई, मुक्त हो गई।

(3) बावरि=पगली। कुलनासी=कुल का नाश करने वाली। हासी=हँस कर।

(4) सोवण=सोने। विघन=विघ्न, रुकावट।

(5) जूयां=जूठा, नाशवान। खूयां=खो दी है। असवां=आंसुओं से। बूयां=बोया। छूयां=छाछ।

(6) धरण=पृथ्वी। गगण=आकाश। करवत=खांड़े पर गिर कर कट कर मरना, एक प्रकार की आत्म हत्या। चहर=चौसर। गांसी=बन्धन।

(7) टारे=टालने। टरी=टली।

(8) दूखण=दुःखने। बैन=बातें। सजनी=सखी।

(9) मकराकृति=सूर्य की आकृति। राजति=शोभा देती है। नूपुर=घुंघरू। रसाल=मधुर। बछल=वत्सल।

(10) जौहरी=पारखी। सांवलिया=साँवरा, कृष्ण।

(11) आली=सखी।

(12) कूकर=कुत्ता। मोहि=मोह। बिलार=बिल्ली। छुधा=क्षुधा। समात=समाना। कपट=धोखा।

(13) अचारवती=चरित्रवान। रती=रत्ति भर, जरा भी। कुचीलणी=गन्दी।

(14) कानि=शर्म, लज्जा। ढिग=पास। अंसुवन=आंसुओं से।

(15) बरजी=वर्जने पर, रोकने पर। चेतन=सावधान। सेती=के साथ।

(16) बांण=आदत। चेरी=नौकरानी, दासी।

(17) बहाय=बहाना। भीजे=भीगना।

(18) अमोलक=अमूल्य। खोवायौ=खो दिया। खेवटिया=माँझी। भवसागर=संसार सागर। हरखि-हरखि=प्रसन्न हो होकर। जस=यश।

5. बिहारी

भक्ति भावना

(1) भव=संसार। बाधा=मुसीबत। नागरि=चतुर। सोई=जो हैं। झाईं=परछाईं। हरित=हरा, वंचित। दुति=चमक।

(2) सरै=पूरा होना। काँचै=कच्चा।

(3) भजन=भजना, स्मरण करना। भजन=भागना, दूर रहना।

(4) टेरत=पुकारता हूँ। जग बाइ=संसार की हवा।

(5) तूठे=अकड़े। विरद=यश।

(6) गुहारि=पुकार। बारक=एकबार। अनाकनी=बात सुनकर भी न सुनना। वारनु=हाथी। नीकी=अच्छी।

(7) कोरिक=करोड़ों। लौनु=नमक।

(8) तरयौना=कान का आभूषण, नीचे की ओर रहने वाला। श्रुति=कान, वेद। इकरंग=अविच्छिन्न रूप से। नाक-बास=स्वर्ग-निवास, नासिका का निवास। बेसरि=खच्चरी, अधम प्राणी। मुकुतन=मोतियों, जीवन मुक्त पुरुष।

(9) दई-दई=मारा-मारा। कबूलि=स्वीकार कर।

(10) कोरिक=करोड़; संग्रहौ=इकट्ठा करे। विदारनहार=नष्ट करने वाला।

(11) तंत्री नाद=वाद्य यन्त्रों का स्वर, संगीत। रतिरंग=शृंगार। अनबूड़े=बिना डूबे। बूड़े=डूबे।

(12) उज्जलु=उज्ज्वल।

(13) दमामौ=नगाड़ा। चाम=चमड़ी।

(14) सरै=पूरा होना। एकौ=एक भी। मन-काचै=मन कच्चा है।

(15) जाचतु=भीख मांगना। चखनु=आंखों पर। लखाई=दीखता है।

(16) बिरद=यश। कनकु=सोना।

(17) मादकता=नशा। बौराइ=पागल होना।

(18) धंध=धंधे में, काम में। कुमति=बुरे विचार।

(19) पसु नरनु=पशु रूपी मनुष्य, अरसिक। रसिक=भक्त। प्रेम पयोधि=प्रेम का समुद्र। पगारू=खाइ, गडहा।

(20) कुसुम=फूल। अपत=पत्तों रहित।

(21) सुकृत=पुण्य। वृथा=निरर्थक। विहंग=पक्षी।

(22) जोइ=समझो, देखो।

(23) सलिलु=जल। मन-सरोज=मन रूपी कमल। समूल=जड़ से।

(24) प्रकृति हु=स्वभाव के।

(25) बरियां=बारी। करिया=काम। सोधि=सिद्ध कर, स्वीकार कर। पाहन-नाव=पत्थर की नांव ! पयोधि=समुद्र।

(26) नेह=प्यार। पुर=शहर। लगालगी=छेड़छाड़। लोइन=आँखें। नाहक=बेकार में।

(27) अगाधु=गहरे। औथरो=उथला। कूप=कुआँ। सर=तालाब। बाइ=बावड़ी।

(28) दीने=प्रभु ने। डारनु=डालियों पर।

(29) जेती=जैसी। तित=वहां। तेती=वैसी।

(30) बखानु=यशोगान। पक्ष=पखवाड़ा। सनमानु=इज्जत।

(31) सुआ=तोता। बाइसु=कऊआ।

(32) अलि=भँवरा।

(33) नागर=चतुर। आब=तेज।

(34) पावसु=वर्षा ऋतु। अपतु=पत्तों रहित।

(35) गहि मौनु=मौन धारण कर रह गए।

(36) निकलंकु=निष्कलंक। मयंकु=चन्द्रमा। उतपातु=विनाश।

(37) पटु=वस्त्र। भखु=भोजन। सपर=परों वाली। पुहुमि=पृथ्वी।

(38) चटक=चमक। चोल रंग= गेरुए रंग से।

(39) को=कौन। कुरंग=हिरण। अकुलात=बेचैन, छटपटाहट। सुरझि=सुलझकर। उरझत=उलझता।

(40) चिरजीवौ=दीर्घायु हो। घटि=कम। वृषभानुजा=राधा, वृषभानु की लड़की तथा वृषभ+अनुजा अर्थात बैल की बेटी, बछिया। हलधर=बलराम, बैल। बीर=भाई।

शृंगार

(41) नटत=इन्कार करना। लजियात=लजाती है। भौन=घर।

(42) अली=भंवरा। हवाल=हाल।

(43) कागद=कागज। लजात=शर्म आती है।

(44) पत्रा=ग्रह, नक्षत्रों की चाल बताने वाली पत्री। चहुँ पास=चारों ओर। पुन्यौई=पूर्णमासी। आनन=चेहरा। ओप=चमक। उजास=उजाला।

(45) हरकी=हाँकना।

(46) गैल=रास्ता। चखनु=आँखों पर। मीचु=मृत्यु।

(47) अजौ=अभी तो। दूबरे=दुबले। गात=शरीर।

(48) औंधाई=उलटी।

(49) थुरहथी=छोटे हाथों वाली। रूप रहचटें=रूप के लोभी।

(50) सूधे=सीधे। सोभा=सौन्दर्य।

6. पद्माकर

जम=यम। खरे=खड़े। भावते=भाने वाले। अधम=नीच। अधम-उधारन=पतित-पावन। थिर=स्थिर। गिरि=पहाड़। यथामति=बुद्धि के अनुसार। अकारथ=व्यर्थ। चीन्हे=पहचाने। नेह=प्यार। मवासी=निवास। पातकी=पापी। विथा=व्यथा। तनया=बेटी। कुल-कारन=वंश के अधिष्ठाता। जुन्हाई=चाँदनी। पठाई=भेजी। इंगुर=लाल। रोमगात=रोमांच। यातुधानन=राक्षसों। अच्छहि=अक्षयकुमार। निरच्छ=नष्ट।

7. रसखान

(1) ग्वालन=ग्वालों में। धेनु=गाय। मंझारन=मध्य में। पाहन=पत्थर। पुरंदर=इन्द्र। खग=पक्षी। कालिन्दी=यमुना।
(2) लकुटी=लाठी। बिसारौं=त्याग दूं। कलधौत=सोना।
(3) पिताम्बर=पीले वस्त्र। अधरान=ओंठों पर। धरी=धारण की।
(4) अनादि=जिसका आदि न हो। (प्रारम्भ न हो) पचि=थक हार कर। तऊ=फिर भी। छछिया=कटोरी।
(5) पैंजनी=पायल। कलानिधि=सौन्दर्य का भण्डार।
(6) बैन=बोल। सानी=सनी, भरी। गात=शरीर। सरै=सेवा करे।
(7) सोहत=शोभा देता है। बौरी=पागल।
(8) सनेहन=स्नेह में। सानी=लीन। नेह=प्रेम, प्यार।
(9) दुकूल=दुपट्टा।

8. भूषण

(1) सगबग=डरी हुई। निसिदिन=रातदिन। गात=शरीर। अकुलाती=घबराती। सोहाती=अच्छी लगती। अनखाती=गुस्से होती। भनत=कहते हैं। धाक=रौब, आंतक। तीनि बेर=तीन बार। बीनी=चुन-चुनकर। बेर=एक फल।
(2) मंदर=महल। मंदर=गुफा। भूषण=कवि का नाम, आभूषण। विजन=निर्जन, पंखा। जराती=जड़ाती, ठंडक से कांपती है।
(3) चकत्ता=चक्रवर्ती। दहसति=भयभीत। बिलखात=रोता है। बिजैपुर पति=विजयपुर का राजा। दरकती=फटती, विदीर्ण होती।
(4) डाढी=दाढी। डाढी=जलती। हद्द=सीमा। रैयत=जनता। ठसक=शान। तुरकाने=तुर्कों की, मुसलमानों की। सियराज=शिवराज, शिवाजी।
(5) मयूखै=किरणें। गयंदने=हाथी। रुद्रहिं=क्रुद्ध शिव को, रुद्र को। बखान=वर्णन। करकल=तलवार। प्रतिभट=शत्रु। कटीले=बहादुर। कालिका=चण्डी। कलेऊ=भोजन। काल=यमराज।
(6) शोन=रक्त। विनासती=नष्ट करती। स्याह=काली। भासती=प्रतीत होती। हय=घोड़े।
(7) बैर=शत्रुता। अधम=नीच। महेस=शिव। चाप=धनुष। लरते=लड़ते।

परिशिष्ट 1.1

भाग-ख

अति लघूत्तरात्मक प्रश्न अथवा वस्तुनिष्ठ प्रश्न

वस्तुनिष्ठ प्रश्न पाठ्यक्रम में निर्धारित आठों कवियों से पूछे जाएँगे। कुल 15 प्रश्न पूछे जाएँगे और 10 का उत्तर देना होगा। प्रत्येक प्रश्न एक अंक का होगा।

1. कबीर

अति लघूत्तरात्मक प्रश्नों के नमूने

1. कबीर का शाब्दिक अर्थ है? (महान अथवा नीच)
2. कबीर का जन्म हुआ? (1398 ई. अथवा 1455 ई.)
3. कबीर की जाति क्या थी? (जुगी जाति के जुलाहे अथवा हिन्दू)
4. कबीर के पालक कौन थे? (नीरू-नीमा अथवा माई लोई)
5. कबीर का गुरु परम्परा से किसे माना जाता है। (रामानन्द अथवा शेख इब्राहम)
6. कबीर हिन्दी साहित्य के किस काल में हुए। (आदिकाल अथवा भक्तिकाल)
7. कबीर सारा जीवन कहां रहे? (काशी/इलाहाबाद)
8. कबीर की मृत्यु किस स्थान पर हुई? (काशी/मगहर)
9. कबीर की भाषा क्या थी? (खड़ी बोली/मिली-जुली)
10. कबीर की साधना का स्वरूप क्या है? (ज्ञानमार्ग/भक्तिमार्ग)
11. कबीर की भक्ति किस तरह की थी? (सख्य भाव/माधुर्य)

2. सूरदास

1. सूरदास का जन्म स्थान किसे माना जाता है? (सीही/गऊघाट)
2. सूरदास का जन्म कब हुआ? (1478/1550)
3. सूरदास की गऊघाट पर किनसे भेंट हुई? (रामानुजाचार्य/वल्लभाचार्य)
4. सूरदास से मिलने कौन आया था? (मीरा/तुलसीदास)
5. सूरदास किस मंदिर में साधना करते रहे? (दुर्गा मन्दिर/श्रीनाथ मन्दिर)
6. अष्टछाप की स्थापना किसने की? (वल्लभाचार्य/विट्ठलनाथ)
7. सूरदास का भक्तिमार्ग कौन सा था? (ज्ञानमार्ग/पुष्टिमार्ग)
8. अष्टछाप में कुल कितने कवि थे? (आठ/ग्यारह)
9. सूरदास का प्रसिद्ध ग्रन्थ है? (सूरसागर/सूरतन्त्र)
10. श्रीनाथ जी का मन्दिर किसने बनवाया? (खत्री पूर्णमल्ल/विट्ठलनाथ)
11. सूरदास का स्वर्गवास कब माना जाता है? (1584/1470)

3. महात्मा तुलसीदास

1. गोस्वामी तुलसीदास के आराध्य कौन थे? (कृष्ण/राम)
2. तुलसी का जन्म स्थान किसे मानते हैं? (सोरों/मथुरा)
3. तुलसी के पिता का नाम क्या था? (परमात्मा प्रकाश/आत्माराम दूबे)
4. तुलसी का बचपन में पालन पोषण किस दासी ने किया? (मुनिया/झुनिया)
5. तुलसीदास का विवाह किससे हुआ? (रत्नावली/कनकावली)
6. तुलसी का अमर महाकाव्य कौन सा है? (पद्मावत/रामचरितमानस)
7. तुलसीदास का देहान्त कब हुआ? (1680/1580)
8. तुलसीदास किस भक्तिधारा से संबंधित थे? (सगुण/निर्गुण)
9. तुलसीदास ने अधिकतर किस भाषा में रचना की? (अवधी/खड़ी बोली)
10. अपने राम की सेवा में प्रार्थना पत्र किस रचना के रूप में तुलसी ने लिखा? (विनयपत्रिका/जानकीमंगल)
11. तुलसी का दार्शनिक मत क्या था? (विशिष्टाद्वैतवाद/शुद्धाद्वैतवाद)

4. मीरांबाई

1. मीरां ने किसकी आराधना की? (कृष्ण/राधा)
2. मीरां का जन्म कहां हुआ? (मेड़ता/हडौती)
3. मीरां का जन्म कब हुआ? (1498 ई./1598 ई.)
4. राव जोधा उनके क्या लगते थे? (पिता/परपितामह)
5. मीरां की शादी किससे हुई? (कुंवर योगराज/कुंवर भोजराज)
6. कौन से आचार्य मीरां से मिलने आए थे? (जीव गोस्वामी/तुलसीदास)
7. मीरां की मृत्यु किस मन्दिर में मानी जाती है? (श्रीनाथ/रणछोड़दास)
8. मीरां की भक्ति किस भाव की है? (दास्य भाव/माधुर्य भाव)
9. मीरां ने प्रबन्ध काव्य रचा या मुक्तक काव्य?
10. मीरां की काव्य भाषा मुख्यतः क्या है? (ब्रजी/राजस्थानी)
11. मीरां का स्वर्गवास कब हुआ? (1546 ई./1455 ई.)

5. बिहारीलाल

1. बिहारी का जन्म कब हुआ था? (1652/1592)
2. बिहारी का जन्म कहाँ हुआ था? (ग्वालियर/अजमेर)
3. बिहारीलाल ने किस भाषा में रचना की? (ब्रज/राजस्थानी)
4. बिहारी की एकमात्र रचना कौन सी है? (बिहारी हजारा/बिहारी सतसई)
5. बिहारी ने 'स्वार्थ सुकृत न श्रम वृथा' दोहा किसी राजपूत राजा के लिए लिखा था? (जसवन्त सिंह/जयसिंह)
6. बिहारी ने 'नहीं पराग नहीं मधुर मधु' दोहा किसके लिए लिखा था? (जयसिंह/रामसिंह)
7. बिहारी सतसई का वर्ण्य विषय क्या है? (वीररस/शृंगार रस)
8. बिहारीलाल का बचपन कहाँ बीता? (बुन्देलखण्ड/जोधपुर)
9. किस मुगल कवि ने उन्हें अपना दरबारी कवि बनाया था। (अकबर/शाहजहां)
10. बिहारी सतसई में कितने दोहे हैं? (700/713)
11. बिहारी हिन्दी साहित्य में किस युग के कवि हैं? (भक्तिकाल/रीतिकाल)

द्रुतपाठ के लिए निर्धारित कवि

6. पद्माकर

1. रीतिकाल का संबंध हिंदी साहित्य के किस काल से है? (भक्तिकाल/रीतिकाल)
2. पद्माकर का जन्म कब हुआ था? (1753/1770)
3. बुन्देलखण्ड के किस राजा के युद्धों का वर्णन उन्होंने किया है? (छत्रलाल/गुमान सिंह)
4. किस मराठा राजा ने उन्हें एक लाख रुपया हाथी और जागीर दान में दी थी? (रघुनाथ राव/विश्वनाथ)
5. अवध नरेश के लिए कौन-सा ग्रन्थ लिखा? (हिम्मत बहादुर सिंह/राज बहादुर सिंह)
6. 'गंगा लहरी' का वर्ण्य विषय क्या है? (शृंगार/वीर)
7. 'जगद् विनोद' में क्या है? (मनोविनोद के चुटकले/शृंगारिक पद)
8. पद्माकर की काव्य भाषा क्या है? (ब्रज/अवधी)
9. पद्माभरण ग्रन्थ का वर्ण्य विषय? (अलंकार वर्णन/रस वर्णन)
10. पद्माकर का सबसे प्रसिद्ध छन्द कौन सा है? (कवित्त/दोहा)
11. पद्माकर की मृत्यु कब हुई? (1833/1733)

7. रसखान

1. रसखान का वास्तविक नाम क्या है? (सैयद हब्राहिम/सैयद अहमद)
2. रसखान किस जाति से थे? (मराठा/पठान)
3. उनका जन्म कब माना जाता है? (1615/1715)
4. रसखान के आराध्य कौन हैं? (भगवान कृष्ण/भगवान राम)
5. रसखान का प्रसिद्ध ग्रंथ कौन-सा है? (प्रेम पथिक/प्रेम वाटिका)
6. रसखान की मृत्यु कब हुई? (1675 ई./1760 ई.)
7. रसखान के काव्य का वर्ण्य विषय क्या है? (रामभक्ति/कृष्णभक्ति)
8. रसखान ने किस भाषा में रचना की? (ब्रज/उर्दू)
9. रसखान ने कहाँ रहकर साहित्य-रचना की? (दिल्ली/ब्रज)
10. रसखान का संबंध किस भक्ति सम्प्रदाय से था? (अष्टछाप/किसी से नहीं)
11. रसखान ने किस तरह का काव्य लिखा? (प्रबन्ध/मुक्तक)

8. भूषण

1. महाकवि भूषण का जन्म कब माना जाता है? (1513/1613)
2. भूषण ने किन दो शासकों का गुणगान किया? (शाहजहां और औरंगजेब/छत्रसाल और शिवाजी)
3. भूषण के काव्य में कौन-सा रस प्रधान है? (शृंगार/वीररस)
4. भूषण हिन्दी साहित्य में किस युग के कवि थे? (रीतिकालीन/आदिकाल)
5. भूषण ने किस काव्य-भाषा का प्रयोग किया? (ब्रज/अवधी)
6. भूषण का काव्य किस श्रेणी में आता है? (शृंगारिक/राष्ट्रीय)
7. किस मुगल शासक के अत्याचारों के विरोध में कविता अधिक लिखी? (औरंगजेब/अकबर)
8. भूषण के कितने ग्रन्थ प्रसिद्ध हैं? (छह/सोलह)
9. भूषण ने किस छन्द का सर्वाधिक प्रयोग किया? (कवित्त/दोहा)
10. भूषण की मृत्यु कब की मानी जाती है? (1715/1615)
11. भूषण कवि का नाम है या उपाधि? (नाम/उपाधि)

परिशिष्ट 1.2

लघूत्तरी प्रश्नों के नमूने

लघूत्तरी प्रश्न द्रुत-पाठ के लिए निर्धारित तीन कवियों रसखान, पद्माकर और भूषण से ही पूछे जाएँगे। पाँच-पाँच अंक के चार प्रश्न पूछे जाएंगे। प्रत्येक प्रश्न का उत्तर लगभग 50 शब्दों में देना होगा।

(क) रसखान

1. रसखान के काव्य का वर्ण्य-विषय क्या है, संक्षेप में लिखें।
2. रसखान ने कृष्ण के बाल रूप का सौंदर्य कैसे अंकित किया है, किसी एक सवैये के आधार पर स्पष्ट करें।
3. 'मानुष हौं' तो वही रसखान' सवैये में रसखान किस रूप में जन्म लेने की इच्छा व्यक्त करते हैं?
4. 'या लकुटी अरु कामरिया' वाले छन्द में रसखान कहाँ जन्म लेना चाहते हैं और क्यों?
5. 'मोर-पंखा ऊपर राखिहौ' छन्द में ग्वालिन मुरली को अपने ओंठों पर रखने को क्यों तैयार नहीं?
6. 'धूरि भरे अति सोभित स्यामजू' में कृष्ण का बालरूप कैसे चित्रित हुआ है?
7. 'सोहत है चँदवा सिर मौर के' छन्द में कृष्ण के बाल रूप का चित्रण कैसे किया है?
8. 'उन्हीं के सनेहन सानी रहें' में रसखान अपनी आँखों के लिए क्या वरदान माँगती हैं?

9. 'कोऊ रिझावन कौ रसखानि' छन्द में गोपिका अपने कृष्ण को रिझाने के लिए क्या करना चाहती है?
10. ब्रज की गाएँ कृष्ण की बाँसुरी सुनकर क्यों भागी चली आती हैं?
11. रसखान की भाषा शैली की 2 विशेषताएँ लिखिए?
12. रसखान के काव्य की 4 विशेषताएँ लिखिए।
13. रसखान ने कृष्ण का बालरूप कैसे चित्रित किया है?
14. रसखान की भक्ति का स्वरूप क्या है?
15. रसखान की चार रचनाओं के नाम लिखिए।

(ख) पद्माकर

1. पद्माकर की रचनाओं के नाम लिखिए।
2. पद्माकर के काव्य का वर्ण्य-विषय क्या है?
3. पद्माकर ने किन त्यौहारों और उत्सवों का वर्णन अपने काव्य में किया और क्यों?
4. पद्माकर के प्रकृति-चित्रण की विशेषता क्या है?
5. 'जम को न जोर जब' सवैये में पद्माकर ने किस राजा की दानवीरता का वर्णन किया है, कैसे?
6. 'जोग-जप संध्या साधु' सवैये में कवि ईश्वर का अधम-उधारन नाम कैसे पड़ा मानते हैं?
7. 'ह्वै थिर मंदिर में न रह्यो' सवैये में पद्माकर किस बात पर पछताते हुए अपने जीवन को व्यर्थ मानते हैं?
8. 'पात बिन कीन्हैं' पद में ग्रीष्म ऋतु का प्रभाव कैसे दिखाया गया?
9. 'बरसत नेह मेह' पद में वर्षा ऋतु का कैसा वर्णन किया गया है?
10. 'सिंधु के सपूत' पद में चन्द्रमा को पद्माकर की गोपिका क्रूर क्यों मानती है?
11. 'घर ना सुहात' पद में विरहनी अपनी पीड़ा का कारण क्या मानती है?
12. 'वारि टारि डारौं कुंभकरनहिं विदारिडारौ' में हनुमान क्या करने के लिए कहते हैं?
13. 'सम्पत्ति सुमेर की कुबेर' पद में शिवजी की दानशीलता और उदारता का वर्णन कैसे किया है?
14. 'पेट की चौरे चपेट सही' में पद्माकर अपने वैराग्य का कारण क्या मानते हैं?
15. पद्माकर की भाषा शैली की चार विशेषताएँ लिखिए।

(ग) भूषण

1. भूषण की तीन प्रमुख रचनाओं के नाम दीजिए।
2. भूषण का वर्ण्य विषय क्या है और उन्होंने किन-किन राजाओं की वीरता की प्रशंसा की है?
3. भूषण की भाषा शैली की चार विशेषताएँ लिखिए।
4. 'उतरि पलंग ते न' पद में भूषण शत्रु पक्ष की स्त्रियों का वर्णन किस रूप में करते हैं?
5. 'ऊँचे घोर मंदिर' वाले पद में शिवाजी के आक्रमण के परिणामस्वरूप मुगल सामन्तों की नारियों का चित्रण कैसा किया गया है?
6. 'चकित चकत्ता चौंकि' में किस मुगल बादशाह के भयभीत होने का चित्र अंकित किया गया है?
7. 'निकसत म्यान ते' पद में शिवाजी की तलवार का वर्णन किस रूप में किया गया है?
8. 'डाढ़ी के रखैयन' वाले पद में शिवाजी की वीरता का चित्रण किस रूप में किया गया है?
9. 'मारे दल मुगल' में शिवाजी की वीरता का वर्णन किस रूप में हुआ है?
10. 'आपस की फूट ही ते' पद में भारत की दुर्दशा का कारण किस बात को माना है?